One Theme
クレイス叢書

「深い学び」の科学

精緻化
メタ認知
主体的な学び

北尾倫彦
著

図書文化

まえがき

最近の教育論では〝精緻化〟という聞き慣れない言葉が飛び交うようになった。「おや、なんだと思うが、誰に尋ねても満足できる答えが得られない」という先生に出会ったこともある。

また授業研究会で〝メタ認知〟という言葉を何回も口にする若い先生がいたので、「この授業でメタ認知が問題になるのはどこですか」と尋ねても、答えていただくことができなかったこともある。

このような体験が本書を執筆しようと思ったきっかけである。

これらの言葉は心理学の用語であるが、そのまま解説しても読んでいただけないであろう。堅苦しい本になるからである。

そこで授業の実際場面に目を向け、子どもたちのどのような学びが精緻化であり、どのような学び方がメタ認知的であるのかを解き明かすのが良策ではないかと考えた。

もちろん心理学の実験や研究を踏まえて理論的背景を必要最小限だけはきちんと説明するように心掛けた。理論に基づく実践でなければ広く普及することなく、いつの間にか消滅してしまうからである。

まえがき

このような本であるが、この中から役立ちそうなアイデアを見つけ、先生方が論じ合ってそれぞれの学校の改革につないでほしいと思う。多忙な日々であることはよく承知しているが、冒頭に述べた現状のままでは子どもたちが改革の犠牲者になってしまうからである。先生方の熱意と英知に期待したい。

また、これから教師になろうという院生や学生にも読んでほしいと思う。大学で学ぶ学問知の大切さと実践知への転換の仕方がよく分かると思う。

さらに中学生や高校生にも読んで欲しい。学びの主人公であるからこそ、自ら本物の学び方を身につけてほしいのである。

最後に、本書の計画から編集に至るまで細部にわたってご苦労を重ねていただいた図書文化社の大木修平氏に、深甚の感謝を申し添えておきたい。

令和二年一月

北尾　倫彦

「深い学び」の科学―精緻化、メタ認知、主体的な学び―

目次

第1章
精緻化の支援が学びを深める

深い学びとはどういうことなのか

「主体的・対話的で深い学び」が今回の学習指導要領改定のスローガンであるが、その深い学びとは何かを問い直そうという機運が盛り上がっていないように思われる。その原因は学びを深めるプロセスが分かりにくいためではなかろうか。

そこで身近な体験や見聞に基づいて、学びが深いか浅いかを見分けるポイントを探してみよう。

世間には博識者といわれる人と思慮深いといわれる人がいる。前者は知識の量から注目され、後者は思考の質から一目を置かれた人であるといえるが、どちらが深い学びをしてきた人なのであろうか。

単純に判断すると後者の人に軍配が上がり、知識よりも思考を重視した学びが深い学びであるということになる。たとえば困ったことが起こったときに相談相手を探すとすれば思慮深い人の方が深く考えてから助言してもらえると判断することが多いであろう。ただ知っていることだけを話してもらっても、どう対応すべきか迷っている人にとっては十分な答えにならないからである。いろいろな角度から見直すこと、その中から自分の問題解決に役立つ考えが得られることが選択の基準になるのではなかろうか。

このような例から分かるように、世間で役立つ力としては知識よりも思考力であるという暗々哩の発想法が一般化しているようである。また情報化が進む社会の現状から、知識はコンピュータで検索すれば良いので自分で判断し自分の考えを持つ必要性がますます増大するのでは、と考えている人も多い。

このような社会的経験や見通しから、今の学校の知識重視の学びを思考重視の学びに変えることが今回の学習指導要領改定の主旨ではないかと考える人が増えるのではないかと思う。

しかし知識と思考は切り離して捉えられるものではなく、深く関連しているのである。

新聞の紙面に目を通しているときに「おや、これはどういう意味か」と思う言葉に出合うことがある。新造語や片仮名表記の言葉であり、辞書に頼るわけにもいかず、前後の文脈から類推することが多い。その場合、読み手に関係のある内容の記事であれば容易に類推できるが、無関係な内容の記事ではほとんど類推できないことが多いのである。

この例から分かるように、類推という思考にはその人の知識や体験が密接につながって利用されているといえる。しかもこのことは他の思考にも当てはまるのであり、思考と知識は対立させて捉えるものではないのである。

したがって子どもの学びを指導したり、評価する際には知識と思考を別物として扱うのではなく、相互に深くつながっていることを前提にして考えなくてはならない。

知識をどのように学べば思考に結びつくのか、どのような思考が知識を活かすのかということが今回改めて問われているのである。この立場から深い学びを導き出す術を工夫すべきではなかろうか。このことを深い学びを捉える第一の観点として強く主張したい。

ところで企業で採用人事を進めるとき、実行力という点が重視されることが多いと聞く。頭でっかちの人よりもうまく仕事をやり遂げる人を採用したいという考えからであろう。

常識的にはこの実行力という言葉を聞いて納得するのであるが、その実行力の内面的特徴を説明するのは難しいのではなかろうか。そこでこの実行力の内面的特徴を分析的に考えてみると、次のような鍵となるポイントがいくつか見つかるのである。

最初に思いつくのは、仕事に意欲があるとか、忍耐強く仕事を続ける意欲を持っている点である。さらにひと口で意欲といっても、他人を蹴落として昇進したいという意欲が強過ぎても困るのであり、意欲の質も問われるであろう。

次に思いつくのは、仕事をするときに自分のやり方を厳しく問い直すという姿勢の持ち主であってほしいという点である。自己反省を続けるという意識や態度の面も重視しなければならないからである。

さらに協働しながら仕事を続けることが多いので、一人よがりの人では実行力があるとはいえないことにも気づく。自分の主張だけでなく、他者の考えもよく理解し、多角的に考えながら仕事を進める人が実行力のある人ではなかろうか。このような見方から、本物の対話力に注目して深い学びを捉える必要もある。

少し長々と書き過ぎたが、深い学びを捉えると同時に意欲、意識、態度、対話力といった観点を重視して子どもの学びの在り方を問い直すことが今回の改定では求められているのではなかろうか。知識や思考だけでなく、情意面や態度面も重視することを第二の観点として強調したい。

これら二つの観点を身近な社会生活から発想して説いたのであるが、それは深い学びとは社会で役立つ学びでなければならないという筆者の考え方によるものである。しかもどの実例も人間らしく生きるための学びでなければならないという考えから取り上げており、深い学びは人間らしく生きるための学びであると言い換えてもよい。

ではそのような観点や考え方を本書の中でどう論述しているのか、と問われるであろう。そこで本書の全体的な構想を巻末の附表にまとめてみた。

ひと通り目を通しただけでは難しい本だと思われるかもしれない。また第1章や第2章だけ読めば、小さなことばかりが取り上げられており、これでは深い学びの実相がつかめないと落胆されるかもしれない。

そこで一つの章を読み終えるとその附表のどの部分が説明されていたのかを確認し、次々と章ごとの読みを頭の中で整理していただきたい。章の配列は基礎から発展へという順序に従っているので、初めは小さなことであっても章が進むにつれてその重要性に気づかれるであろう。そして全体を読み終えると、深い学びの全体像が明確になるはずである。

第1章では、まず「精緻化」という学びの基礎的な考えから深い学びを捉えて論を展開することにする。

精緻化とは何か—心理学の実験から—

頭の中で何が起こっているかを目で確認することはできない。大脳生理学のように科学的な技術で調べる学問であれば、それに近い形で実証的に調べることができるが、心理学では無理な注文である。

そこで心理学が採用してきた方法は、頭の中を直接調べるのではなく間接的に推定するという方法である。人の行動を調べ、帰納法的に推論を進めることによって心のメカニズムを特定するのである。

そのようにして推定された心のメカニズムの中から深い学びに関係するものを選ぶとすれば、「精緻化（エラボレーション）」ではないかと思う。原語の意味は「苦心して仕上げること」であるが、訳語の意味は「細かく綿密なこと」である。多少食い違っているようであるが、このような辞書的意味だけでは、その心のメカニズムが何かがよく分からないであろう。

そこで本章では精緻化をテーマにした心理学の研究論文の中から記憶を扱った基礎的研究を取り上げ、どのような心のメカニズムを精緻化と呼んでいるかをまず初めに明らかにしたい。

精緻化をテーマに取り上げた最初の論文は、一九七三年のロウアーの論文[1]である。どのような実験かを具体的に述べると、子どもに二つずつの単語をペアにして次々と見せて覚えさせる記憶課題が用いられている。その際、二つの単語を結ぶ文章を添えるグループ、二つの単語を自ら関連づけた文を作らせるグループ、二つの単語だけを見せるグループを設けて記憶成績を比較したのである。

その結果、文章を添えたり作らせたグループが、単語だけのグループより優れた成績であった。つまり、文脈やイメージが知識の関連づけを促したのであり、そのメカニズムを精緻化と名づけたのである。

その後の研究では「覚えるように」という指示を与えず、何らかの作業（方向づけ課題）を課し、その遂行中に偶然覚えた記憶（偶発記憶）を検討している。

その一つ目の例は、方向づけ課題として子どもに言葉の意味についての判断を求める課題を用いた実験[2]である。小学生を対象に二つの単語のペアを次々と提示し、「どちらが夏に関係がありますか」と問い、「はなび」と「ひまわり」から選ぶ困難条件と、「どちらが音がしますか」と問い、「はなび」と「ひまわり」から選ぶ容易条件での偶発記憶の成績を比較した。判断に要する時間はどちらも同じであったが、困難条件の方が容易条件よりも優れた偶発記憶の成績を示した。そして判断が難しい状況の方が精緻化が生起しやすいと結論づけている。

二つ目は、方向づけ課題として「大きい―小さい」などの形容詞の対で示された意味的尺度でどちらに近いかを評定させる課題を用いている。そして大学生に一字ずつの漢字表記の単語の印象をこの尺度上で判断させた実験[3]である。漢字の画数を比較させる統制条件に比べて、右に述べたような意味的尺度で評定させたグループの方が優れた偶発記憶の成績を示した。そして形態的判断よりも言葉の意味的判断の方が精緻化を促すと結論づけている。

三つ目は、方向づけ課題として形容詞の単語を大学生に一語ずつ提示し、印象についての意味的判断を求める課題と自分に当てはまるかどうかを判断させる自己準拠判断課題を比較した実験である。その形容詞単語の偶発記憶成績を比べると、自己準拠判断のグループの方が意味的判断のグループより優れていた。そして自分との関わりの深い判断が精緻化をよりいっそう促すと結論づけている。[4]

四つ目は、方向づけ課題として漢字一字の単語から連想される自分の過去の出来事について、どれだけ鮮明であるかを大学生に評定させる課題を用いた実験である。鮮明度を三段階に分けて、各グループの偶発記憶の成績を調べた。その結果は最も鮮明度の高いグループが他の二つのグループに比べて優れた成績を示した。そして自分の過去経験を鮮明に想い出すことによって精緻化がよりいっそう促されると結論づけている。[5]

このような偶発記憶の実験では、方向づけ課題が精緻化を促す支援の役割を果たしているので、その課題を分析するとどのような精緻化が生じたかが明らかになる。言葉の意味を評定させたり、連想したことの鮮明さを評定させているので、これらは附表の①に示した「言葉の意味づけを豊かにする」という精緻化の類型が実証されているといえよう。

よく工夫された授業の実践から

精緻化という用語は教師にとって馴染みのない言葉であり、実践報告や研究主題の中にはこの言葉が使われることはないであろう。しかし授業での子どもの発言やノートの記録などを調べてみると精緻化のメカニズムを推定することができるのではなかろうか。

そこで筆者が見聞した授業の中から感銘を受けた二つの授業を取り上げ、授業における精緻化に基づく学びの姿を自ら確かめてみようと考えた。

一つ目は中学校の国語の授業である。物語教材の読解指導がユニークな展開で進んでいた。盲目の女性の生き方を綴った物語を生徒たちは自由に読み進み、気づいたことを教科書の余白に書き込むという作業を授業の前半で続けていた。読めない漢字や意味の分からない語句があれば質問していた。しかしそれも二、三回であり、教師が板書で答えることもあったが、教室の中は静かな雰囲気が長くただよっていた。

二〇分を過ぎた頃から、作業を止めて目を室外に向けたり、私語を始める生徒が出てきた。その様子を見た教師は教室の真ん中へゆっくりと歩み出て、「なぜこの女性は鼓打ちの練習を止めたのかなあ、不思議でならない」と大声で問いかけた。生徒たちは作業を止め、二、三人が短く答えたが、教師は「納得できないなあ」とつぶやくだけで、再び長い沈黙が続いた。

その間の生徒たちに目を向けると、教科書を読み直したり、自分の書き込みを修正したり、頭を手でかかえて考え込むなど、悩み苦しんでいたのである。このような自問自答の学びが精緻化という心のメカニズムが生起し始めたことを示しているように思われた。ただ確かな証拠がないので一抹の不安を抱きながらその場を去った。教師がその授業をどうまとめるのかと思っていたが、まったくまとめはなかったようである。

その後に教師に尋ねたところ、その次の授業の冒頭で前回の授業が終わってから自分でまとめたことをノートに書かせていたのである。そのノートを見ると「鼓打ちの名人に出会い、自分の努力が恥ずかしくなったから」「自分が障害があるために甘えて鼓打ちばかりやってきたが、名人の苦労とは比べ物にならないと思ったから」など、主人公の心情を深く想像していたことがそこに綴られていた。確かに精緻化が生起していたのである。

二つ目は小学校算数の授業であり、円の面積の公式を子どもが自ら誘導した見事な授業[6]である。大きな円図形の中に小さな正方形の図形を何枚か敷きつめ、半端な部分には正方形を切り離してはめ込むなど苦心していた。単位面積の何倍かを調べるとどんな図形でも面積が求められることを直線図形で学んできたが、曲線図形であるため壁に当たり苦心していたのである。

概算で求めた面積をそれぞれ発表し板書していたが、どれも答えが違っており「あっ、ダメだ」という声が次々と出された。その様子を見届けた教師は図1の上段に示したような円に内接する正多角形を描いた図形を順に黒板に並べて提出した。実際は八枚であり、限りなく円に近づくことを目で確かめることができた。子どもたちは「あっ、すごい」「先生、ご苦労さん」「分かった、自分でやれるから、先生黙って」と叫び始め、自ら推論して解決しようとしていることがよく分かった。

しかしどうすればその図形から公式を作れば良いのか分からず、再び途方に暮れていた。そこで教師は図1の下段に示したように、一番角数の多い正多角形を細長い二等辺三角形に切り分け、上下逆向きに組み合わせて見せた。「これで、どう!!」と、教師はニコニコ顔で子どもたちに問いかけた。

「あっ、どんどん角を増せば円は平行四辺形になるんだ」などの声が出され、自ら公式の誘導に取りかかる子がつぎつぎと増えた。教師からの助言も受けながら、「平行四辺形の底辺は円周の半分、高さは限りなく半径になる」ことに気づき、平行四辺形の公式から円の面積の公式を導いていったのである。

これら二つの授業における子どもたちの内面を推察し、どのような精緻化が生起したかを考えて

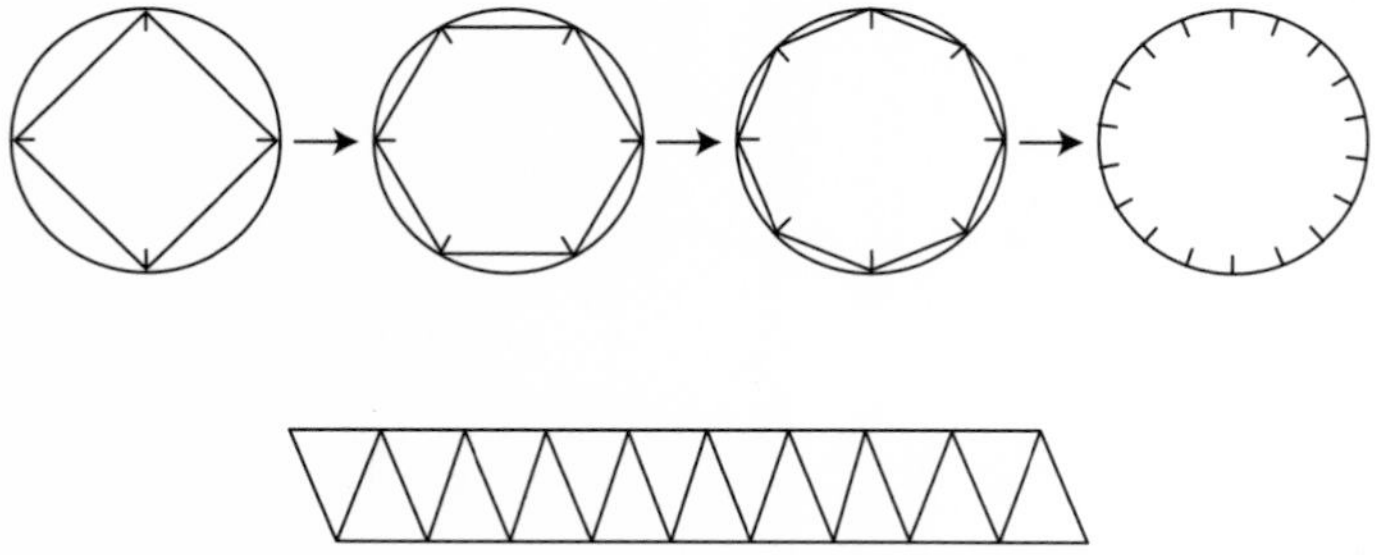

図1　円の面積の授業の補助教材 (6)

みると、次の二つの類型にまとめることができるであろう。

一つは、国語では「主人公がそれまでは鼓打ちの練習を熱心に続けてきた」という知識と「名人に出会ってから、突然その練習を止めた」という知識を関連づけて結論を導き出そうとしている。算数では、「どんな図形でも単位面積の何倍かを調べると面積を求めることができる」という知識と「図形を変形すれば、すでに習った公式で面積を求めることができる」という知識を関連づけて公式を求めようとしている。したがってこれらは「知識を関連づける」という精緻化の類型（附表の②）に相当する。

もう一つは、国語では子どもたちは沈思黙考を重ねて主人公の心情の変化を想像していたと推察され、算数では「先生、黙って」と子どもたちがつぶやきながら自ら推論を重ねて公式をつくろうとしていた。これらは「想像・推論を重ねる」という精緻化の類型（附表の⑤）に属する。

学びの方略としての精緻化とは

教育心理学では学習方略という用語が使われている。その学習方略を詳細に調べてまとめた著書[7]によると、「学習方略は学習の効果を高めることをめざして意図的に行う心的操作あるいは行動と定義される」と説明されている。本書でもこの説明に従うが、この説明の中の「あるいは行動」という部分だけは省くことにする。それは学びを深める内面的特徴として精緻化やメタ認知を重視しているためであり、行動面よりも心的操作に注目して学びの方略と呼ぶことにした。

行動面にまで拡げて多種多様な具体的な操作を含めると、理論的に系統立てて論じるのが難しくなるためである。理論の鍵となる方略として精緻化方略とメタ認知方略の二つに絞り込み、学びの深さを理論的に説明するのが本書のねらいである。

このような立場から学びの方略を取り上げると、附表に示したように精緻化方略の中に七つの類型を設ける必要があった。心理学で実験的に検討されたのは①と②が中心であるが、実際の授業や実践的研究まで適用範囲を拡げると、③から⑦までの高次元化した多様な類型を設定しなければならなくなった。その結果、これまで体制化方略という用語で論じられた心的操作は精緻化の②と③で説明できるようになり、附表の精緻化方略の中では体制化という言葉を用いていない。それは知識の関連づけや概念化によって体制化がはかられると考えられたからである。

この附表を通覧すると分かるように、精緻化の中に知識と思考が含まれており、この章の初めに述べた第一の観点から深い学びを捉えようとしていることに気づかれるであろう。またこの精緻化と第三章で取り上げるメタ認知のわずか二つの言葉だけで深い学びとは何かを解き明かそうという計画である。

個人差に対応した精緻化の支援とは

右に述べたように精緻化を広範囲に適用し類型化すると、学習課題によってどのような精緻化が必要かを判断しやすくなる。しかし、課題が同じでもその型の精緻化の支援を必要とする子どもと不必要な子どもがいるのではなかろうか。

この点を明らかにするために、小学校五年理科で花の進化を学ぶ研究的な授業[8]を取り上げて考えてみよう。

「進化の過程で枝の最上部の葉がめしべ、その下の葉がおしべ、さらにその下が順に花びら、がくになる」という説明（先行オーガナイザー）を受けてから実際の花について観察学習を行った学級と、説明を受けずに観察学習に入った学級を比較している。一週間後に実施した転移テスト（別の花のテスト）の結果は図2の通りであった。

図から明らかなように説明の効果は全体と

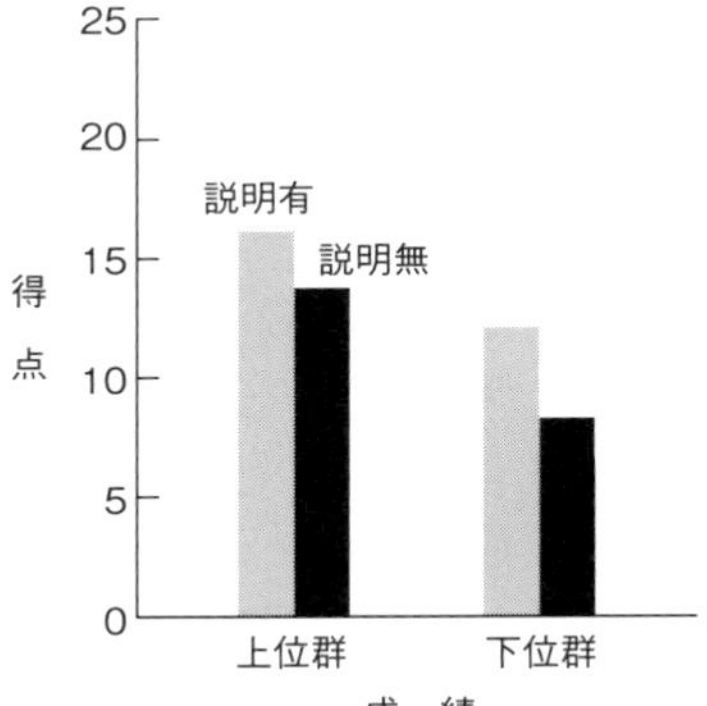

図２　転移テストの結果[8]

しても認められるが、理科の成績上位群よりも下位群において説明の効果が大きいことに注目したい。上位群では進化の過程に関する予備知識を持っていたために教師から説明を受ける必要がそれほど大きくなかったのであろう。

この授業は知識を関連づけるという精緻化（附表の②）の支援が子どもの既有知識によって必要な場合とそれほど必要でない場合があることを教えてくれる。この点については次の節で詳しく論じることにしよう。

研究者の側から提唱された認知カウンセリングでは、学習方法で悩む中学生や高校生に認知心理学の研究者が相談・助言を行うという取り組みが行われている[9]。

助言の内容はさまざまであるが、実際に行われている中には体制化（精緻化）についての助言もある。「一つの単語のいろいろな形を関連させて覚える」、「同意語、類義語、反意語をピックアップしてまとめて覚える」などの助言も含まれている。このことから本書で論じてきた精緻化の考え方がベースになっており、個人差に対応した支援が行われているといえる。一斉授業では既有知識などの個人差を適切に捉えるのが難しいので、このような個別のカウンセリングによる学習支援が役立つであろう。

知識のネットワークから精緻化を捉え直す

図３は筆者の著書[10]の中で紹介した、ガニエによる知識のネットワークモデルの図である。右上に示した「火成岩は高温と高圧にさらされたために非常に硬い」という内容知（宣言的知識）と、左下に示した「もし、岩をハンマーでたたき、岩を砕けないならば、岩を火成岩として分類せよ」という方法知（手続き的知識）がこのネットワークでは近いところに位置づけられている。そのために内容知と方法知がしっかり結びついたかたちで頭の中に貯蔵されていることが分かる。

では前の節で取り上げた花の進化の場合はどのようになっている

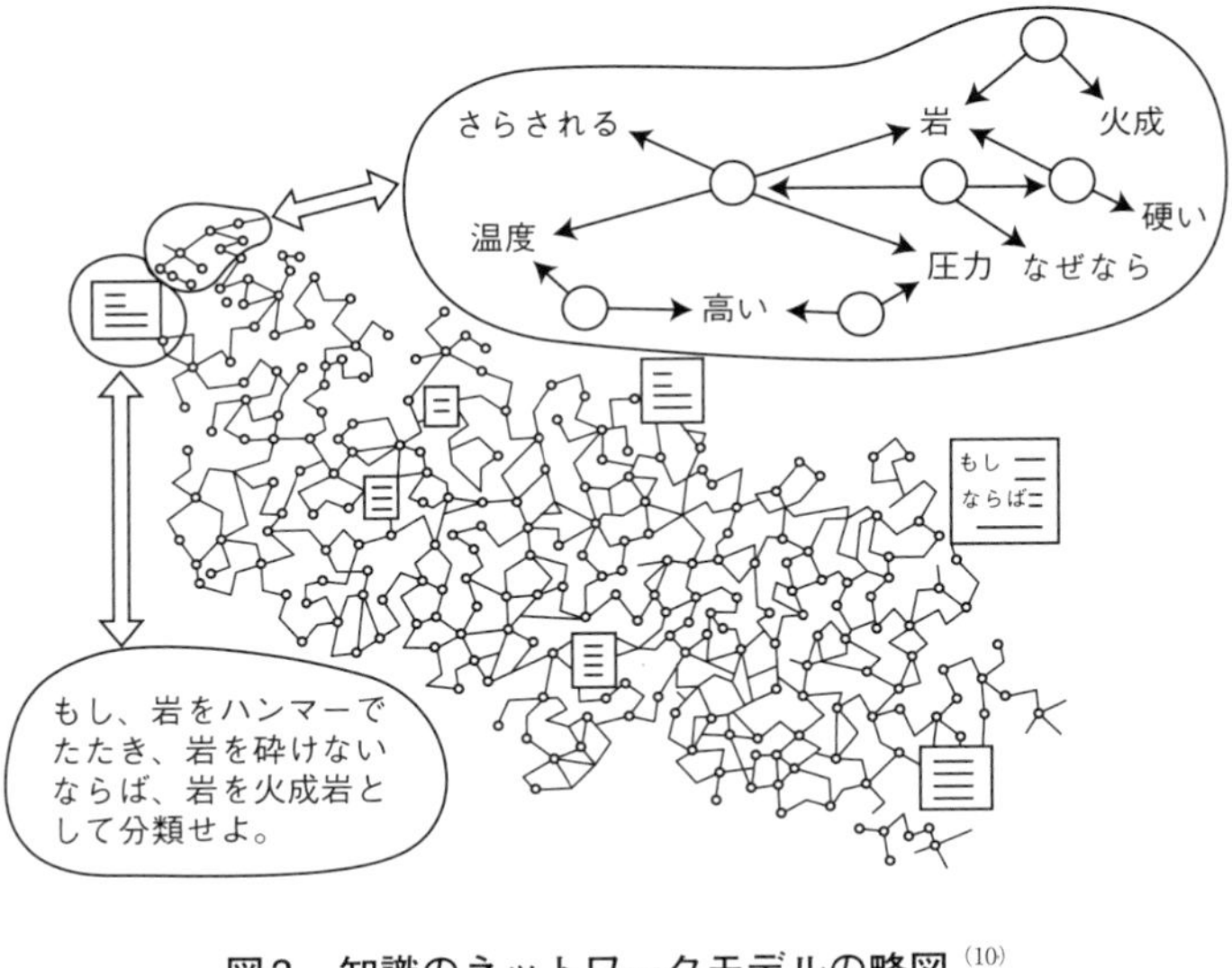

図３　知識のネットワークモデルの略図[10]

のであろうか。

観察学習ではハナダイコン、チューリップ、タンポポの花のつくりを学び、上から順にめしべ、おしべ、花びら、がくが茎についているという具体知が頭に入る。他方、前に述べたような事前に与える説明はどの花の進化にもあてはまる一般化された知識であり、抽象知と名づけることができる。

このような具体知と抽象知が、火成岩の場合の方法知と内容知と同じようにネットワークに位置づけられていると、強く結びついているので転移テストで他の花についてもめしべ、おしべ、花びら、がくの並び方を正しく答えることができるであろう。

このようにネットワーク論から考えると、この場合の子どもたちの個人差を次のような二段階に分けることができる。①花の進化に関する抽象知を素朴な形である程度知っていた子どもは、観察だけでも具体知が抽象知に結びつくかもしれない。②その抽象知をまったく知らなかった子どもは、説明によってはじめて具体知が抽象知に結びつくであろう。そのために理科の成績上位群よりも下位群において説明の効果が大きく現われたのである。

第2章 表象の二重構造化が学びを深める

幼児にも言語的表象の活性化が必要である

前章では、頭の中のメカニズムとして、精緻化を重視する必要があることを論じた。しかし、その心的メカニズムを担う媒体がどのようなものであるかは説明していない。取り上げた研究の多くが言葉であるため、媒体も言語的なものであることは推測されるが、それだけであるとは言い切れないであろう。

心理学では外界からの刺激や情報が頭の中へ入った状態を表象と言うことが多いので、ここでも媒体を表象と言い換えて論を進めることにする。そして意味や文脈などを言語的表象、印象やイメージなどをイメージ的表象として大きく二つに分けることにする。

さて、小学校入学後の学びは言語的表象に大きく依存して進められるが、その素地となる表象は入学前の幼児期にすでに形成されていることに気づく必要がある。素地のできている子は授業がよく分かるが、できていない子は分かりにくいからである。

ではその素地はどのような幼児的体験によって形成されるのであろうか。幼児期には遊びを中心に考え、体験を豊かにしておけばよいという意見がある。いや幼児期から読み書き、計算を習わせておくべきであるという意見もある。このような意見に振り回されることなく、じっくりと子どもの内面を推察してしっかりとした考えを持ってほしい。

遊びに夢中になる場合は、単に活動しているだけでなくいろいろな物事に接することによって自ら考え、自分の頭の中になんらかの表象をつくり上げているのである。多くは漠然としたイメージのような表象であるが、たまたま耳にした大人の言葉を手掛かりにして自分なりの素地となる言語的表象を持つこともある。

この話し言葉による表象は、小学校入学後の書き言葉による表象の素地になるものである。この素地がしっかり出来上がるように幼児期体験を見直すべきであるが、それを支える理論と実証的根拠が求められるであろう。

そこで次の二つの実験的研究を通してこの理論と実証的根拠を追究してみよう。

一つ目の研究は、幼児を対象にした図形の弁別学習の研究[11]である。

正方形の緑色の色紙三枚を左右に並べたカードを子どもに提示した。その三枚は最小の正方形、中ぐらいの正方形、最大の正方形であり、中ぐらいの正方形を幼児が選べば「あたり」と言ってほめて続けて選ぶように告げた。このようなカード（配列は異なる）を次々と提示し、三回続けて「あたり」であれば訓練を終了した。

その直後に一回り大きい（または小さい）大・中・小の三つの正方形を描いたカードを提示し、面積が違っていても、中の正方形を選ぶことができるかどうかをテストした。

この弁別学習において、中ぐらい（中間大）という相対的な考えに気づいておれば、テストで違った別の正方形でも中ぐらいのものを選ぶ正反応数（移調反応数）が増えるはずである。

テスト成績は図４の通りであった。図の中の言語化群は訓練において「中ぐらい」という言葉をつぶやきながら選択させたグループであり、また非言語化群はつぶやきをせずに選択したグループである。

図４から明らかなように、つぶやきの効果は４・５歳児に認められた。そして言語の象徴機能が発達する過渡期に当たるこの年齢では「中ぐらい」という言葉をつぶやくだけでも大・中・小の関係を捉えやすくなることが分かる。

このようなつぶやきの効果は、保育参観の場でたまたま観察したことがある。

園児が牛乳びんの円形の蓋の真ん中に穴をあけ、細い棒を通してコマを作っていた。その中の一人の園児が真ん中に穴をあけていないので、コマがうまく回らずに困っていた。

その様子を見ていた先生は「真ん中」と言ってその場を離れた。するとその園児は「真ん中、真ん中…」とつぶやきながらコマ作りに熱中し成功して満足したのである。この例も幼児期においてはつぶやきによって「真ん中」という言語的表象が活性化されたことを教えてくれる。

もちろん、この年代の子どもが「中ぐらい」とか「真ん中」という言葉の意味を知っていたかどうかは分からない。子どもの様子を見る限りでは、言葉で説明できるほど正しく知っていたとはいえないであろう。それでも効果があったのは、活動や状況と結びついた言葉の素地が子どもの頭の中に出来上がったからである。

二つ目の研究として、同じ年齢の幼児を対象にして概念名を明確に語り聞かせるという

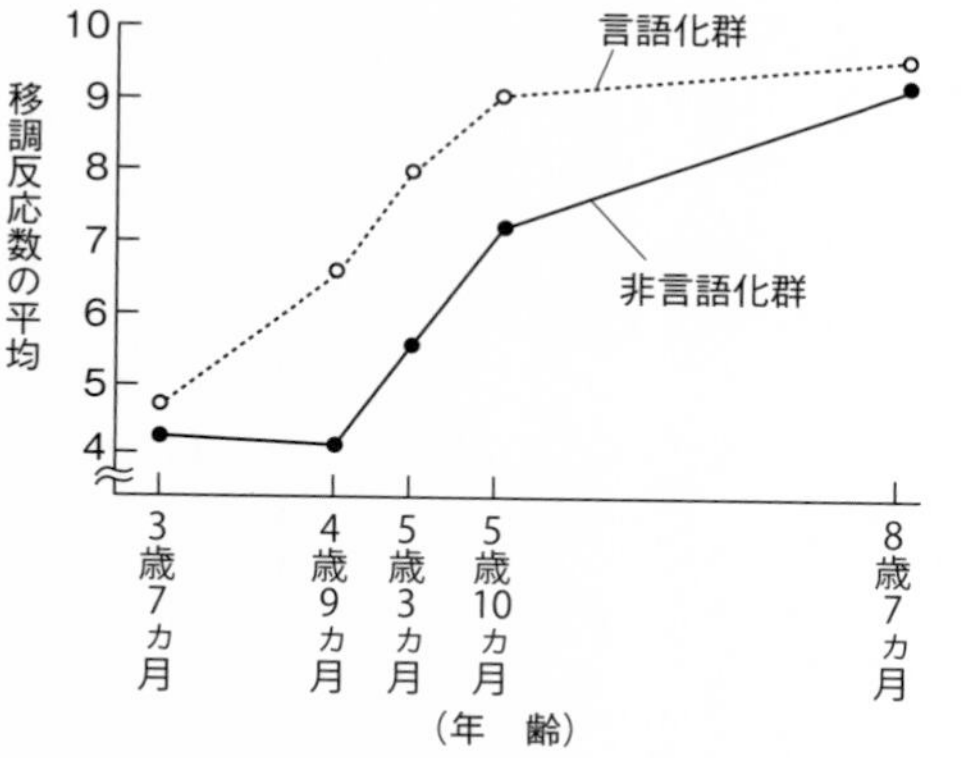

図4　移調における言語化の効果の発達的変化 (11)

支援によって言語的表象の素地づくりが促されるかどうかを調べた研究[12]を紹介する。

そこでは幼児に果物、野菜、花、鳥の類概念に属するりんご、にんじん等の絵が描かれたカードを分類するという課題が与えられた。その課題を遂行している時に実験者の側から「りんごは果物です」「にんじんは野菜です」という言語教示を与えることによって言葉がどのように役立つかを調べている。

その結果、教示のない統制群と比べると、4歳児と5歳児では教示のある群の方が正しく分類できる率が高いことが分かった。しかし6歳児ではそのような差が認められなかったのである。この結果から類概念を表す抽象的な言葉であっても、課題や状況に結びつけて聞くことによって分類の手がかりになったことが分かる。そして6歳児になるとその類概念の表象がすでに出来上がっているのでその効果が現れなかったのであろう。

このような言葉の表象の素地づくりは明確な概念化・抽象化とはいえないが、その準備状態となるものである。この場合も果物や花などの類概念として、正しい意味を理解していたかどうかは分からない。しかし形や大きさが違っていても同じ概念名が告げられることによってなんらかの共通した特徴に気づいたのであり、その体験が小学校入学後の学びの精緻化を促すのではなかろうか。

児童期におけるイメージ的表象の活性化

他方、イメージ的表象の活性化は言語的表象の発達した児童期の子どもにも有効に働くのであろうか。小学生についてこの点を明らかにした実験的研究と授業の例を次に紹介する。

その一つは、小学校六年生をグループに分けて実施した実験的研究[13]である。

後で答えさせる10個の単語（絵本、花瓶など）を一つずつ埋め込んだ短文を女性の声で録音し、10個の単語だけは男性の声で録音した。このような文を順に聞かせてから、覚えていた単語を答えさせるテストを行った。

そして言語的表象を活性化する方法として、10個の短文を物語のようにつないで聞かせ、文脈で関連づける方法が用いられた。またイメージ的表象を活性化する方法としては、ターゲット語の絵を含む場面を描いた色彩画をカードで見せて、イメージ化を促す方法が採られた。

直後のテストの結果を見ると、言語的表象の活性化は記憶能力の高い子どもに有効であり、イメージ的表象の活性化は記憶能力の低い子どもに効果的であった。このように言語的な支援の方が有効な子もいるが、逆にイメージ的表象をつくる支援が記憶を促す子もいたのである。

二つ目は、小学校六年生の総合学習の授業[14]である。

その授業の子どもたちは夏休み中に近郊の山間にある宿舎で合宿し、夜空に輝く満天の星を初めて見て、大きく心が揺さぶられていた。その時の感動が薄れないうちに、子どもたちの想像力を伸ばす授業を展開してみたいと考えた教師は次のような総合学習を行ったのである。

著者が参観した授業の前の時間に、「星物語をつくろう」という子どもの提案を受け、グループごとに物語づくりに取り組んだようである。ところがアイデアが浮かばず、どのグループも困り果てていたとのことである。

そこで参観した総合の時間では「どうすればアイデアが出るのか」と教師が問いかけ、子どもたちから「歌をつくりたい」という声を引き出していた。

そしてグループごとに自作の物語に曲をつけて演奏するという活動を展開した。鍋を棒でたたく子、床を足ぶみしてリズムをとる子など、楽器は手づくりであるにもかかわらず、一人ひとりがそれぞれの役割を持って歌を合奏しながら、物語づくりに熱中していた。夜空の星を見た時の感動を伴うイメージ的表象が歌唱によって鮮明になったために、このような盛り上がりのある授業展開を導くことができたのである。

イメージ的表象と言語的表象の二重構造化を図る

初めの節で述べた幼児を対象にした二つの研究を、話し言葉の役割という観点からもう一度取り上げてみたい。つぶやきと教示は話し言葉であり、文字の読み書きのできない幼児であっても認められた話し言葉の効果をどこまで一般化できるかが問われるからである。

言葉の識別に関する実験をまとめた著書[15]によると、話し言葉は書き言葉の形の特徴や見慣れているかどうかといった表象的側面に捉われずに直接意味（深層心理的側面）を捉えることができるという利点を持っているようである。この利点によって話し言葉の豊かな幼児は小学校に上がった際に言葉が分かりやすいのであろう。幼児期の話し言葉と小学校入学後のリーディングの間に深い関係があるという外国の研究もこの著書に紹介されている。

また、教育と発達を論じた著書[16]では、家庭での会話が子どもの知的能力の発達に関係していることを論じた研究が紹介されている。

それは社会言語学者の研究であり、発話の仕組みを分析して、中産階級の家庭では精緻的コードが多く、それ以下の家庭では制限コードが多いことを実証している。精緻的コードというのは知識・情報の内容を精密に伝えた論理的な発話の仕組みであり、制限コードはその場の文脈に依存した論理的でない発話の仕組みである。このような違いが中産階級以下の子どもたちが学校の授業でついていけなくなる原因になっていると論述している。

これらの著書を参考にして考えると、言語的表象が十分に発達していない幼児であっても、その素地を固めるために話し言葉による言語的表象の活性化が重要であることを改めて知ることができる。それを意図的に行う保育の場だけでなく、家庭などの生活の場においても配慮すべき点であるといえよう。

また、次の節の小学校高学年で実施された二つの研究や授業例からは、言語的表象が十分に発達している子どもであっても、イメージ的表象の役割が大きいことに注目したい。聴き取りや物語の創作は、言語的表象に依存して行われると考えるのが一般的であるが、時と場合によってはイメージ的表象の援助が必要になることが分かったからである。

電車の中などで若者の会話を耳にしていると、ロボットの声でないかと勘違いすることがある。抑揚に欠け、気持ちの表出が不十分なことが多く、豊かなイメージ的表象を持ち合わせていないのではないかと思うことがある。この経験と合わせて、右の二つの例を考えると、今日の青少年の教育でこそ豊かな体験や自然に触れる学びの場を用意すべきではないかと思う。

まとめると、イメージ的表象と言語的表象を別個のものと考えるのではなく、相互依存的な関係として捉えて学びの精緻化を促す必要があるといえる。

これまでに取り上げた例だけでなく、これまでの授業でも小学校低学年では同じようなイメージ的表象の役割を活かした実践例がある。

小学校の低学年でも理科の授業が行われていた頃に、「紙玉てっぽう」を指導する授業を参観したことがある。細い竹筒に紙で作った玉を押し込んで飛ばすことに子どもたちは熱中していた。ところがある男児が机の下に隠れて紙片を口の中へ入れ、つばで練り固めて玉を作ると遠くまで飛ぶことに気づき、大声で皆に伝えていた。

この子の発言を教師が取り上げ、「ねばねばする玉だから強い力で飛ぶんだよ」という子どもの声や、「そのとき、筒の中の空気はどうなっているのだろうか」という教師の問いかけが続いた。そして子どもたちは目に見えない空気であっても圧縮され、その反発する力によって玉が飛ぶことを自らの体験によって学びとっていたのである。

また小学校一年の算数では、数え棒を使って足し算・引き算の指導が行われることが多いが、棒を手で操作することや大小関係を目で見ることが大きな助けになっているのである。

このような例から、子どもの学びのメカニズムは単調な流れではなく、質の異なる表象がからみ合っている複雑な仕組みと考えるべきであるといえる。

この章では精緻化というメカニズムを言語的表象とイメージ的表象の活性化という視点から検討してきたが、このからみ合いによる表象の二重構造化が精緻化をより深めているのではないかと考えられる。

この章で取り上げた文章記憶、詩の創作、紙玉てっぽう、数え棒は、いずれも言語的表象とイメージ的表象の二重構造化を促しており、附表の④の精緻化が生起していたと見なすことができる。

第3章
メタ認知が学びを方向づける

第1章と第2章で取り上げた精緻化は学ぶ課題の内容（中味）に関するものであったが、学ぶ方法（学び方）についても、どのような心のメカニズムが関与しているかが問われるであろう。

「メタ認知」という用語は一九八〇年頃から記憶や読解の研究において使われるようになり、心のメカニズムに意識的に気づく能力であると考えられていた。その後、読解などの初心者について調べてみると、要点を把握するというような学び方の知識が欠けているために意識的に気づくことができないことが判明するようになった。このような学び方の知識的側面と、それを意識して自らの学びをコントロールするという制御的側面を併せてメタ認知を概念化するようになったのである。

メタ認知を実験的に検討してきた著者の書物[17]には、図5によって、そのメカニズムが説明されている。知識面と制御面が相互に深く関係し、一体化して読みなどの学びを監視しコントロールしているという説明である。

果たして、この説明のような監視（モニター）とコントロールが学びに影響するのであろうか。

算数文章題解決におけるメタ認知

一つ目の実践例は、小学校五年生に算数の文章題を解かせ、その解決過程を調べた実験的研究[17]である。

子どもが解決している様子をビデオで撮り、後でそれを再生して見せながらインタビューを行い、自分の

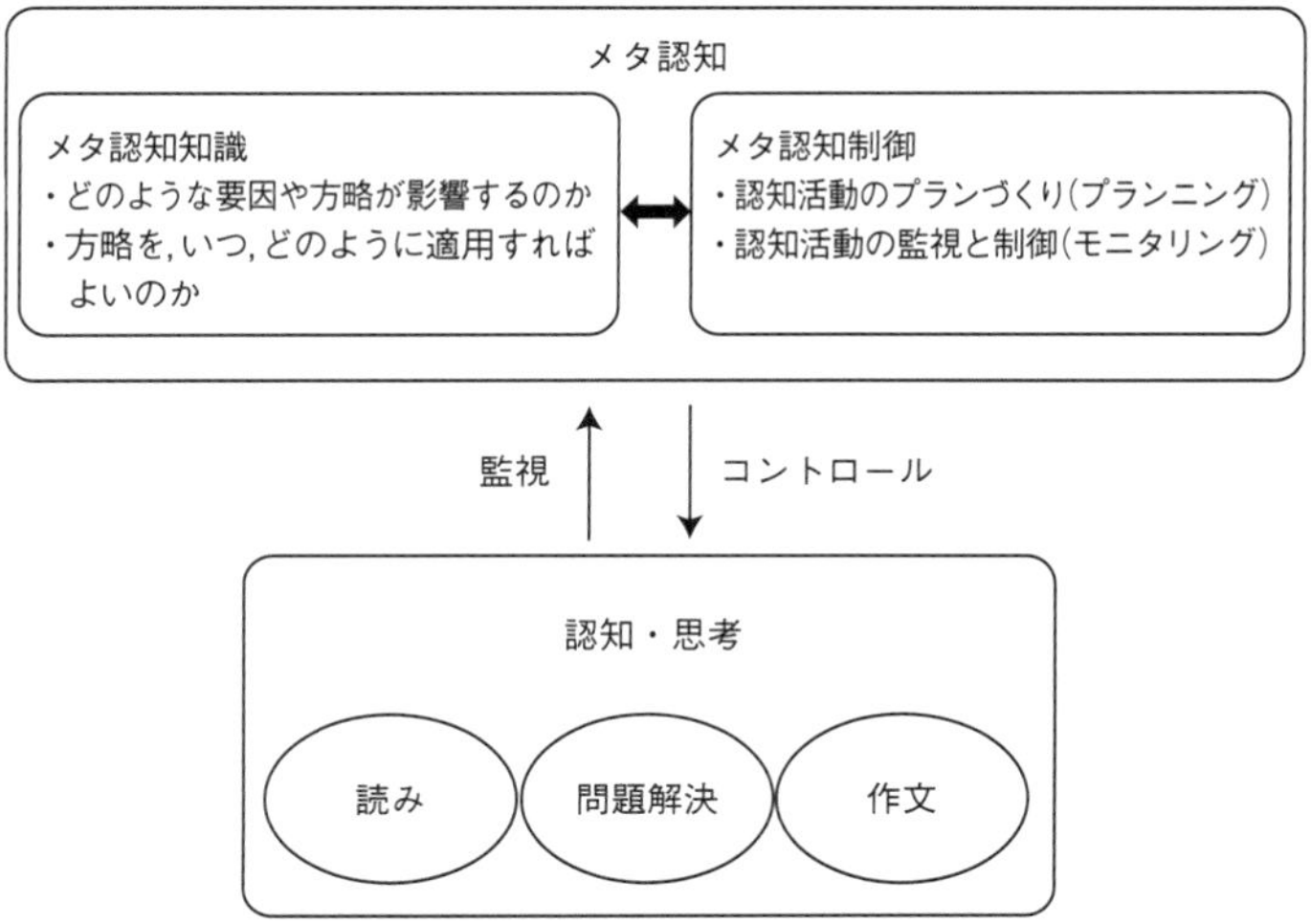

図5　メタ認知プロセスのモデル[17]

解決をどのように制御していたかを調べるという方法が採られている。その結果を算数の成績が高いグループと低いグループに分けて検討したところ、両グループの間に大きな質的差異が見られたのである。

上位グループでは、「もう一度問題を読んで確かめている」とか、「焦らずにゆっくりやった」など、自分の解決過程を意識的にコントロールしていたことが分かった。他方、下位グループでは、「何もしてない」とか、「何となく（解いている）」など、解決過程を意識していなかったのである。

この例のように解決を意識的にコントロールするというメタ認知制御が働かないために学習から脱落してしまう子どもが多いことも明らかになっているが、どのように指導すればよいのであろうか。この実験を行った研究者は次の二点を強調している。

第一点としては、問題文の理解に失敗しているために解くことができない子どもがいることから、その指導を計画的に実施する必要がある。文章題のタイプごとに独特の問題スキーマ（知識構造）があるので、問題スキーマを捉えるための独自なプログラムが開発される必要がある。しかし、現状ではそのようなプログラムがないので、その問題文を具体的な表現に言い換えること、問題文の内容を絵にして見せることなどが考えられる。これらはこれまでも実践の場で工夫されており、メタ認知という観点から見直すことが重要であるという。

第二点は、求めるものは何かを言い換えたり強調したりすることによって子どものモニタリングを援助する、という指導である。また、問題を解決するための計画を立てること、すなわちプランニングを身につけるように導いておくことも重視されねばならないと述べている。

国語説明文読解におけるメタ認知

二つ目の実践例は小学校五年国語の授業での実践的研究[18]である。

一学期の『見立てる』という説明文教材の授業において、「初め→中→終わりの文章構成を捉える」、「問い→答えの関係に注目する」、「キーワードを捉える」、「要旨をまとめる」という読解の仕方（方略）を教えている。子どもには「コツ」と言い換えて説明しているが、読解のメタ認知の指導であるといえる。その後の授業においてもよく似た説明文教材（『生き物は円柱形』）を用いて同様の指導が行われた。

その成果を判定するため、一学期末（七月）と二学期末（十二月）に直接メタ認知の指導を行っていない別の説明文教材についての読解を試す転移テストを実施している。

その結果は図6の通りであり、一学期末に比べて二学期末のテスト成績が向上し、特に低・中位の子どもの成績が大幅に伸びていることが分かる。二回のテスト問題の難易度はほぼ同じであったので読解のメタ認知方略の指導の効果は、その直後よりも半年後に著しく認められたといえる。

また、アンケート調査を六月と十一月に実施しているが、メタ認知に関する質問（「自分がちゃんと分かっているか考えながら読む」、「分からなくなったら、ゆっくり読んだり、前に戻って読み直したりする」など）の評定値の平均は、六月よりも十一月の方が低くなったようである。この結果は意外に思われるかもしれないが、担任教師の説明によれば、メタ認知方略を重視して読まなくてはならないという意識が次第に強くなり、自分を厳しく評価するようになったためであると説明されている。

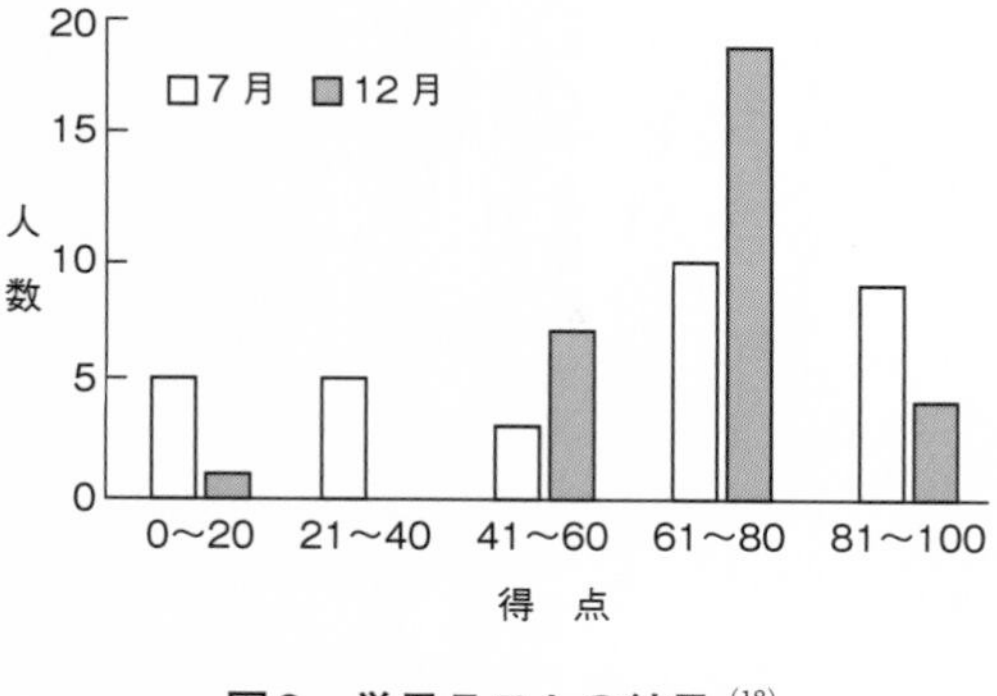

図6　単元テストの結果[18]

高校数学の学習相談におけるメタ認知

三つ目の実践例は高校一年生数学の学習相談を行った実践例(19)である。

担当者は教師であり認知カウンセリングの研究者でもある。まず初めに、A君に図7のような問題を解かせたところ、図の中の直角三角形に三平方の定理を当てはめるなど次々試みるが失敗が続き、ノートは乱雑で脈略がなかった。

そこで相談者から「このノートでは、今どんなことを考えてみたいのかよく分からないのでは」、「この問題は何を聞いているのか」、「その図から何が分かるのだろうか」、「あと何が分かればよいか」など、メタ認知的な問いかけを行い、問答を重ねながら解答に到達させた。

その後、相談者とA君がこの問題解決を振り返って語り合ったところ、A君の口から「ノートは書いた後で見返しても分かるようにしなくてはならない」とか、「何が問われ、何が分かってい

問題 1

AB=AC である△ABC において，辺 BC 上に任意の点 P を取り，2辺 AB, AC に垂線を下ろしその足をそれぞれ D, E とする。
また点 F を頂点 B から下ろした垂線の足を F とするとき，BF=PD+PE を表せ。

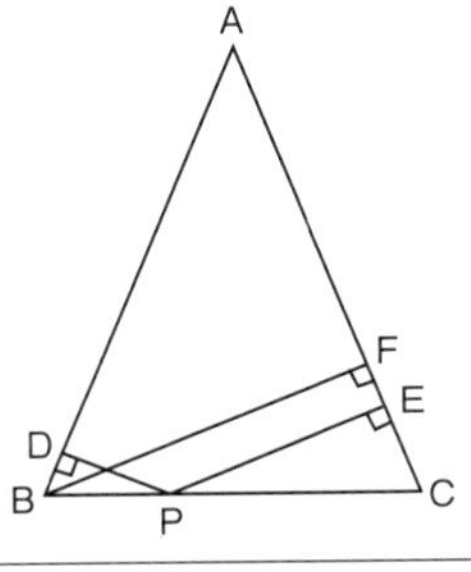

図7　相談で用いた問題(19)

るかを常に意識して解く必要がある」などの教訓を自ら引き出していることが分かった。これらはメタ認知的方略が身についたことを示している。

右に述べた三つの実践例から気づくことは、まず第一に、子ども自身の意識が自らの学びへ集中していなければ指導や相談の効果は現れにくいことである。それは方法知としてのメタ認知が状況に依存し、必要性の違いなどに左右される流動的な働きをする心のメカニズムであることに起因する。したがって教師は言葉で伝達するだけでなく、子どもの学習意欲などを勘案して指導・支援すべきであろう。

第二に、メタ認知の喚起・維持は長期的に持続しなければ信念や学習観として定着しないことである。したがって指導や相談の成果は長いスパンで捉える必要がある。

評価のフィードバック機能とメタ認知

教室の中で返却された答案を見る子どもの真剣な表情から分かるように、評価のフィードバックは子どもの強い学びの意識を育てることができる。どこまで目標に近づいたか、自分の学び方はよかったのか、などを自ら判断し、次の学びに活かそうとするのである。この強い学びの意識はメタ認知であり、自らの学びを振り返って反省し次の学びを方向づけようとする典型的な場面は、答案が返却される場面ではなかろうか。

形成的評価は教師自らの指導に役立てるために実施するものであるが、子どもにも評価から得られる情報をフィードバックして学び方の改善につなぐという目的もある。この後者の目的を重視するならば、右に述べた強い学びの意識、すなわちメタ認知という観点からフィードバックの在り方を検討すべきであろう。

この立場から実施された諸研究を詳細に検討した論文[20]を参考にし、私見を交えながらどのようにフィードバックすれば効果的になるかを考えてみよう。

一般論としては、正誤の情報だけでなく問題を解く手がかりなどの情報も同時にフィードバックする必要があるといえる。自らの学び方の反省につなぐためには、このような情報がなければならないからである。

しかし、一人ひとりが必要とする情報は異なるようであり、個人差を配慮する必要がある。そこで大まかに三つに分け、①基礎となる知識や技能を習得していない子ども、②基礎は習得しているが、理解が浅く活用力に問題がある子ども、③十分に学んでおり、発展的な学びに取り組むべき子どもに分け、それぞれに特化した情報をフィードバックすべきではなかろうか。

また、形成的テストといっても実施回数が多くなりすぎると慣れによって子どもの意識を高める効果が弱くなると思われる。そこで単元・題材というまとまりごとに一回ずつ実施し、その単元の配当時間の残りが一時間か二時間という終わりの段階でテストを実施することを提案したい。

この単元テストでは、その単元で学ぶ内容を基礎的な内容と深い理解や活用力を試す深化的内容に分け、それぞれに必要な数の問題を用意する。一校時内に実施し、自己採点をさせる必要があるので必要最小限の問題数にとどめたい。

さらに教師の側で事前に準備してほしいのは、テストの自己点検とその後の取り組みに役立つ簡単な補助シートである。問題ごとの正答だけでなく、基礎的内容の問題で不十分と判定された場合には、何をどのように再学習するかを示し、深化的内容が不十分な場合には知識の活用問題の具体例をこのシートに盛り込んでおくのである。

もちろん、基礎学習、深化学習、発展学習に必要な問題や参考資料などは準備する必要があるが、その選択は子どもに任すのがよい。残った一、二時間での学びだけでなく、家庭での自学自習にもつなぐことができるように配慮したい。

テスト漬けになっても困るし、また教師の労働負担を増すことになっても困る。また大規模学級において一人ひとりに最適のフィードバックを個別に与えることは不可能に近い。これらの厳しい現実を念頭に置くと、紙二枚のテストと補助シートの準備で目標を達成できれば得策ではなかろうか。

「まじめ」「忍耐強さ」という勤勉性もメタ認知から

子どもの教育を論じる際には、生育している社会の文化的背景を視野に入れる必要がある。わが国には勤勉性を重んじる風土が古くから根づいているが、子どもに対して「まじめ」「忍耐強さ」を求めることが多いのもこの勤勉性の文化に起因しているのであろう。

この勤勉性を文化心理学の立場から検討した著書[21]では、メタ認知によって勤勉性の文化が出来上がったことが詳細に分析されている。筆者[22]はこの本の書評を依頼されたことがあるが、教育論としても注目すべき労作であると思った。その根拠を次の三点にわたって述べよう。

一点目は、メタ認知という概念は個々の課題解決に必要な知識や制御に限定されるものではなく、より一般化した考え方・生き方を含む高次の意識までも内包するのではないかという点である。

温暖多湿のわが国では、一日も休まず雑草を抜いたり、種子のできないうちに除草したりするなど、さまざまな工夫がなされた。その中で農夫が自らの内面の目でその作業をモニターし、メタ認知が生起したのであるが、その長期にわたるまじめな取り組みを通して問題意識が拡大し、人間の生き方としての勤勉性を重視するようになったと述べられている。

この信念または価値観は、個々の課題解決の中のメタ認知の積み上げから身についたものであり、生き方や学びの意識や態度を支える重要なものであるといえる。

二点目は、マスコミや出版物などによって勤勉性を重視する空気が醸成され、子どもに与える影響力が大きいことである。かつて放送されたNHKの『プロジェクトX—挑戦者たち—』は、さまざまな失敗に耐え、苦難を乗り越えて目標を達成する挑戦者の生きざまを報じていたが、このようなマスコミの影響も教育効果を持っているのである。そしてスポーツの花形選手に対するあこがれよりも、まじめに取り組み、苦難に耐える忍耐強さを学ぶ点に教育的意義を認めたい。

三点目は、その「まじめ」や「忍耐強さ」が外からの圧力によるものではなく、自分を活かすためという自己実現型の意欲によって支えられていなければならないことである。教師や親からの圧力や暗黙の空気に押し流されたものであっては子どもの内面に定着しないからである。

この章で取り上げた算数の文章題、国語の説明文、数学の学習相談、評価のフィードバック機能の事例は、附表の⑧に示したメタ認知を検討した具体例であるといえる。

しかしこの節で取り上げた勤勉性は、生き方や信念ともいえる広く一般化した概念であり、学びの方略というよりも人格特性であると思われる。

しかし「まじめ」「忍耐強さ」は子どもの学びを論じる際にしばしば用いられる言葉である。教師も親も「まじめに勉強しているか」「がんばって続けているか」と子どもに問いかけることが多い。そこで本書では「学びのまじめ・忍耐強さのメタ認知」という言い方でその範囲を限定して附表の⑧には具体例として位置づけることにした。

第４章
効果的な反復学習で学びを深める

学力崩壊の実態を知る

学力テストは子どもがその時学んでいる学年の学習内容について試すのが普通であるが、以前に学んだ下学年の内容について調べてみると、どういう結果になるであろうか。この疑問から過去の二学年まで遡って出題する学力検査（ＴＫ式学習進度検査）の作成に協力したことがある。

その検査を小学校三年から中学校三年までの子どもを対象にして実施し、図８のようなデータを得た。[23]

図から明らかなように、小学校五年までは下学年の内容の正答率が高いが、小学校六年から徐々にその正答率が低下し左上りの急勾配のグラフが見られなくなっている。

　実施したのは地方の中・小都市であり、小学校の卒業生のほぼ全員がその都市の中学校へ進学していた。またその当時の実情から塾に通う子どもは少数であり、その影響は少ない。また検査の作成には予備調査を入念に重ねて標準化しており、難易度や信頼性・妥当性には疑問視される余地がない。したがって図８の示す傾向はどの地域の子どもにも見られるものであり一般化してもよいであろう。

　この検査を実施した頃に比べ、今日では教える内容がさらに増えてい

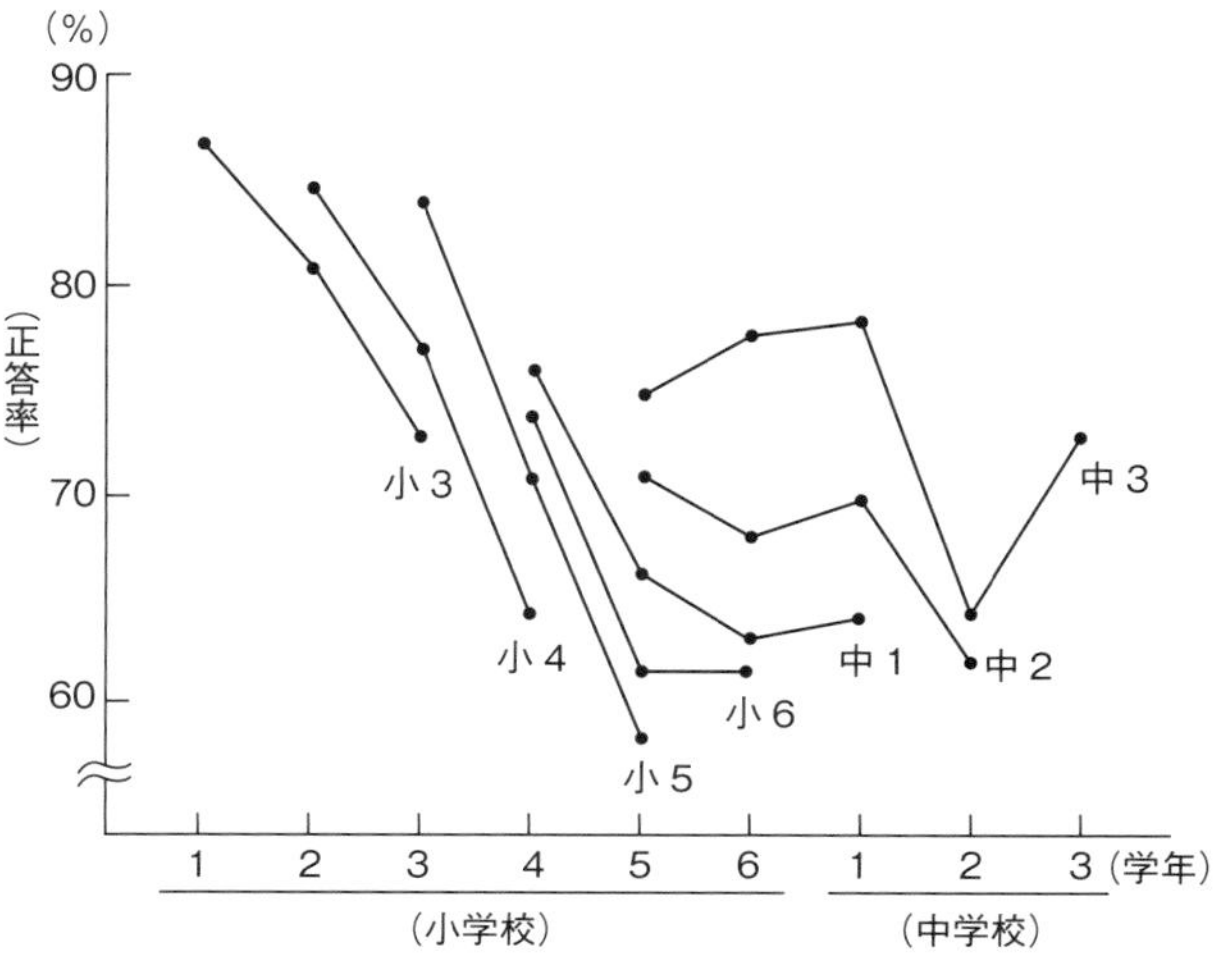

図８　国語テストの正答率の推移[23]

るので下学年での学びが定着していない子どもが多くなっているであろう。下学年での学びが十分でなかったのか、学んだ後でその知識を活用する機会が無かったために生じる学力崩壊である。

分散的な反復学習が知識を精緻化する

右に指摘したような学力の崩壊を防ぐ対策として誰もが気づくのが反復して学ぶことである。昔の学校を知る人には、近頃の学校が復習と反復練習を疎かにしていると批判する人が多い。これは的を射た指摘であると思うが、ただ反復さえすれば効果が現れるというものではない。効果的な反復学習のための理論的根拠が必要であり、その一つとして分散効果の理論に注目したい。

分散効果に関する実験では、単語や文章を間隔を置かずに連続的に反復提示する集中条件と一定の時間間隔をおいて反復提示する分散条件の記憶成績が比較される。実験によって材料や時間間隔が異なるが、分散条件の方が集中条件よりも成績が優れることはどの実験でも一致した結果を得ている。

しかしこの分散効果が生じる原因についてはさまざまな説が提唱されている。これまでの研究を総合的に検討したところ、最終的に生き残ったのは精緻化説[24]であった。

時間間隔を置いて再び提示されると、その間に言葉の表面的な特徴や印象は記憶から消え、より深い言葉の意味だけが残っているので、それをベースにしてより精緻な処理（意味づけを豊かにする）が行われる。ところが間隔を置かずに反復提示されると表面的特徴や印象が残り、それだけで同じ言葉であると判断してより深い意味的処理を行おうとしないので、学びが分散提示のように深まらず成績が劣ると説くのが精緻化説である。

この説を裏づける根拠として、集中提示であっても反復時に文章の表現をデス・マス調に変えたり、言葉の字体を変えると分散提示と同じ水準まで成績が上がるという実験的データがある。[25]

また二回目の反復時に三つの文節の中の第二、第三の文節を空欄にし、三回目の反復時には第三文節を空欄にして提示し、それぞれの文節を思い出して復唱するように求めたところ、集中提示であっても分散提示と同じレベルまで成績が上がったという実験的データもある。[26]

これらの研究から集中提示でも表面的特徴や印象を変えると分散提示と同じように深い学びに達することが分かる。したがって分散効果が生じるのは時間間隔を置くことによって精緻化が促進されたためであるといえる。

しかし、第１章で述べた精緻化研究は偶発記憶の実験法を採用していたが、右に述べた分散効果は意図的記憶の実験である。この点が気がかりであったため偶発記憶と意図的記憶を同時に試すことができる中心・偶発学習課題を用いて実験を行った。その結果、意図的記憶（中心課題）では分散効果が認められたが偶発記憶では認められなかった[27]。

したがって、第1章で述べた精緻化に比べて、分散効果をもたらす精緻化は明確な学習意図がある場合に生じるものであり、意識レベルの高い精緻化であるといえるが、言葉の意味づけを豊かにするという範ちゅうに入るので、附表の①の精緻化の類型に相当するといえる。

予習・復習を取り込んだ授業のすすめ

分散的な反復学習を実践する典型例は予習・復習である。授業の前日に予習し、授業後に帰宅してから復習するので一日か二、三時間という時間間隔での分散学習である。授業内容の複雑さや分量から考えると、情報の分量が多いので、先に述べた実験より長い間隔が必要であり、この程度で分散効果が生じやすいのであろう。

ひと昔前までは予習・復習がわが国では定着していたが、近頃は影をひそめており、この予習・復習の重要性が指摘されなくなった。塾の勉強で時間が足りないとか、宿題を出す教師は人気がないなどの事情がその原因であろうが、教育論としては看過できないことである。

このような考えを指摘した論文[28]を参考にして具体的な解決策を考えると、次のような取り組みが現実的であり、学力崩壊を防ぐ最良策ではないかと思う。

予習については、まず授業の終わりに、教師が次の時間の授業の範囲を教科書のページ数で告げ、予習の範囲を明確にしておく。そして帰宅後に子どもはその範囲を読むだけでなく、疑問に思ったことや難しいところをノートにメモし、予備知識を持つだけでなく、自分なりの問題意識を抱いて次の授業に備えて欲しいのである。

復習については、授業の終わりにそのまとめを教師が行うのではなく、重要なポイントだけを指摘し、復習において子どもが自らまとめをノートに書くようにするのである。自らまとめるには知識を整理し、筋道を立てて論述する必要があるので精緻化を促す効果が大きい。また、まとめを書くことによって理解不十分な点や疑問点も明らかになりメタ認知も強化されるであろう。

子どもたちの様子を見ていると、教師が黒板に書いたことを忠実にノートへ写し変えることだけに専念し、それだけがノートの使い方であると思い込んでいるようである。教師もワークシートやカードなどを準備し、そこに書き込むことを指示することがあっても、ノートの活用法をていねいに指導するのは稀である。

この実態を急に変えるのは難しいが、予習・復習を定着させるという発想を具体的な形として子どもに意識させるには、ノートの形そのものを変えてみてはどうかと考える。

筆者の試案に過ぎないが、図9に示したように大まかに三つに区分し、4頁をワンセットにしてノートを作成する。授業中に書く2頁に続いてその授業の復習で書く1頁があり、その後に次の授業の予習を書く1頁が続くように作られていると、子どもたちに予習・復習も含めて学ぶのが授業であると受け止めるようになるであろう。

また、実施する際の現実的な問題点として次の三点を補って指摘しておきたい。

一つ目は、全教科で実施するのではなく、国語、算数（数学）、社会、理科に限定するこ

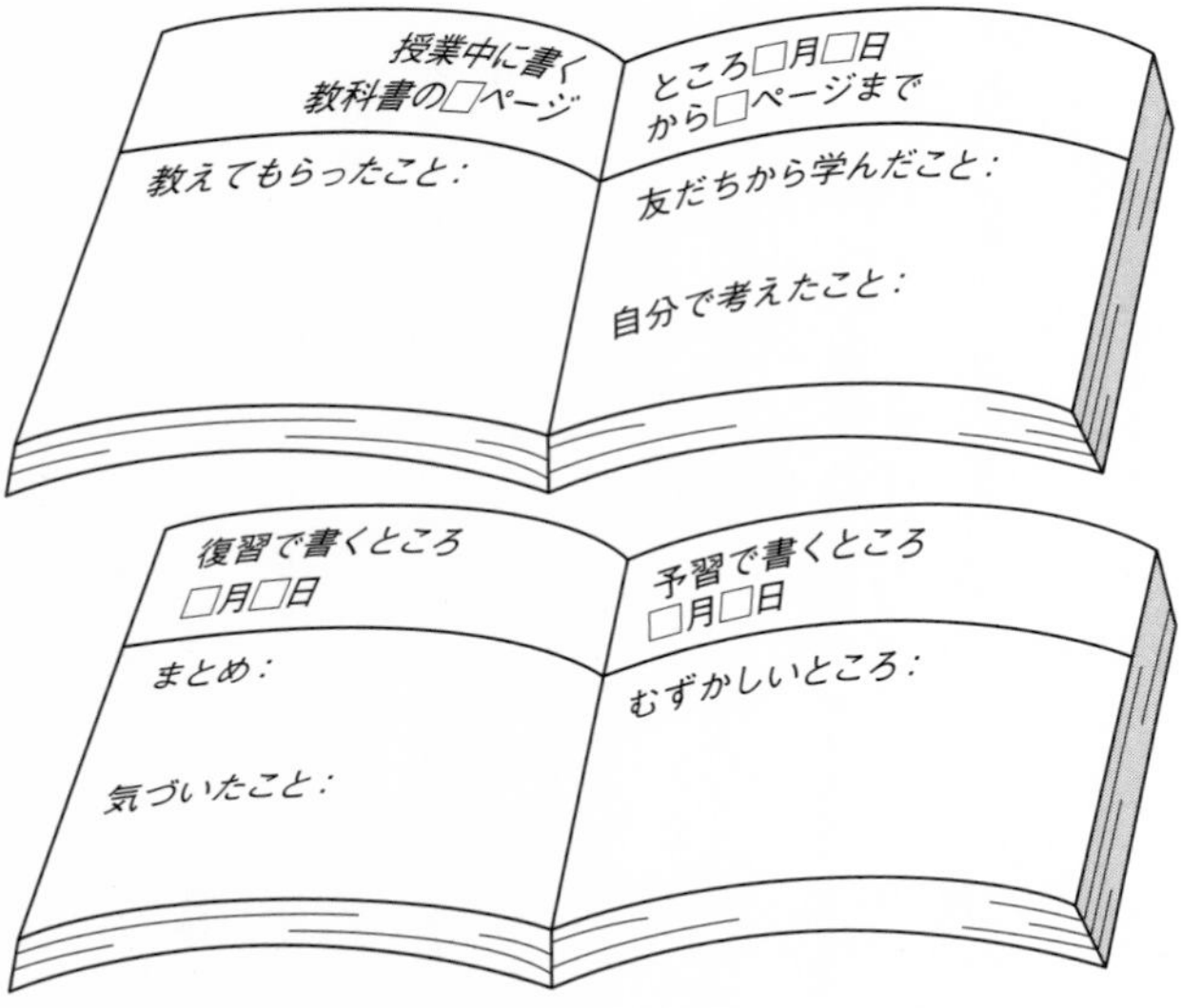

図9　予習・復習をとり入れたノート（試案）

とである。全教科では子どもの負担が大きくなり継続が難しいことや教科書だけで予習可能であるかどうかを考慮するからである。

二つ目は、家庭の理解を得るために、このプランのねらいを文書で明示するとともに、子どもの学びがどれだけ向上したかをデータに基づいて実証して保護者にも示すことである。子どもの意識調査のデータなどを使って説明し、子どもへの助言を依頼する必要がある。

三つ目は、教師の労働負担の壁である。慣れるまでは繁雑であり戸惑うことが多いと思われるので、四教科が負担加重であれば、国語と算数に限定してもよい。また小学校低学年では難しいと考えられるので、中学年以上で実施してもよい。またこの予習・復習の習慣が身につけば中学校で教師が指導する必要がなくなるかもしれない。

自由進度学習の実践から学ぶこと

古い話になるがオープンスクールとしてよく知られていた愛知県の緒川小学校[29]を訪れたことがある。その後もシンポジウムに招かれて議論したこともあるが、筆者が特に注目したのはオープン教育よりも、その補完として実施されていた「はげみ学習」という学びの形態である。オープン教育では基礎的学力について不安視されるので取り入れたということであるが、どの学校でも実施できる指導形態である。
「数のはげみ」は授業終了後、「文字のはげみ」は授業の開始前にそれぞれ一〇分から一五分間実施されていた。そして半紙四分の一大のカードにテスト問題が示され、ホールの壁際に置かれた棚に整然と分類して収納されていた。「数のはげみ」は一年の初期の内容から六年で学ぶ分数の計算まで八十三のステップに区切って図10のようなカードが準備されていた。「文字のはげみ」は、小学校で学ぶ九九六の漢字を画数の少ない字から順に七十六のステップに分けて十字ずつのカードが配列されていた。漢字には読み物も合わせてセットされ、数の計算には図解も示されていた。

このようなカードを一人ひとりの子どもが自ら選択してホールの机に向かって解き、機器を使って採点し、一題でも誤答であれば一段階やさしい問題のカードへ戻って回答する。必要な場合は教師や上級生から助言を受けることもできるのである。

この実践から学ぶべき点は次の二

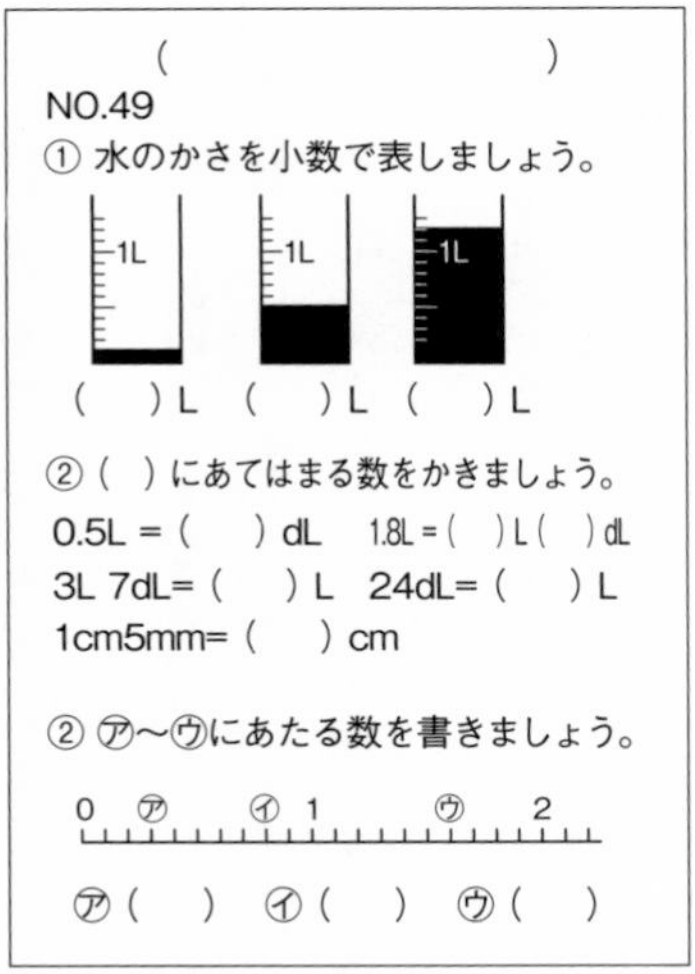

図10 「数のはげみ」のカード(29)

つである。その一つ目は、子どもたちがマイペースで学び、自らの意志でカードを選ぶという自由進度学習の実践であるという点である。四年生でも三年生の「数のはげみ」に取り組んでいた男児に尋ねると、「僕は計算が苦手だからゆっくりやっているんだ。六年間には全部やるよ」と答えていた。自分をよく知り、自らの計画にしたがって取り組む姿勢から、メタ認知をしっかり身につけていることが分かる。

二つ目は、学年、学級、教科という制度的な枠を取りはずし、その時間がフリーである教師が助言者になり、上級生も任意でその役を果たしていたことである。オープンスクールの学校の雰囲気がそうさせたともいえるが、普通校でも教師全員の承諾があれば可能である。また退職教員や学生などのボランティアであっても助言者の役を果たすことができるので、教師の労働負担の軽減にもつながるのではなかろうか。

第5章 学びの深まりとつながり

らせん型教育課程論とは

半世紀以上前に出版された翻訳書[30]であるが、その中で提唱されたらせん型教育課程の構想は、当時広く話題になった教育論である。

その翻訳書の中からそのまま引用すると「もし数、量、確率の理解が科学の探求に重要であるというのであれば、これらの事柄を子どもの思考様式に一致させるようにして、できるだけ知的性格をそのままに保ち、またできるだけ早く教えはじめなければならない（①）。それらの問題はあとの学年になって、さらに一度も二度もくりかえし展開されなければならない。そのようにすれば、ほとんどの子どもが第十学年用の生物学の単元をとるとしても、その教科に冷ややかに接する必要があるだろうか。（中略）これまでに述べてきた連続性と発展性という問題に注意して、実施中の教育課程を再吟味する（②）ようにすすめても悪くは無い」（傍点及び丸数字は筆者による）という説明がある。

この説明の中の①の傍点箇所は、ブルーナーが一九六〇年頃に提唱した仮説である。これは概念の知的性格をそのままにしてどんな発達段階の子どもにも学ばせることができるというレディネス（学習の準備性）に関する主張である。その提唱後十年間にわたるカリキュラム改造の実践を通して検討されてきた。その一例は次の節で詳しく説明するが、わが国ではその抽象的な議論だけがひとり歩きし、実際に試みられることは少なかった。

②の傍点箇所の「連続性と発展性」というカリキュラムの特徴に関する提言は、学習内容を次々と縦につなぐ直線的な構造ではなく、知識の表象の種類や抽象化のレベルが変わっても同じ知的内容の概念を分かりやすくして教え、学年が進む中で何回もスパイラル式に学ばせるらせん型の構造に変えるべきだと説いているのである。これも強烈な印象を与える提言であったが、わが国で広く普及するカリキュラム改造は実現されなかった。

振り返って考えるとらせん型教育課程論はまぼろしの教育論であり、今日では真顔で論じる人はいないと思われるが、次節で紹介するような実証的研究に目を転じると再検討してみる価値があるのではないかと考える。

ブルーナーの実証的研究と表象の二重構造化

ブルーナー理論の研究で著名な教育学者の著書(31)の中に、ブルーナーが主導して行った実証的研究が紹介されているので、その概要を分かりやすく紹介してみよう。

対象となった子どもは私立小学校の三年生であり、年齢は八歳の子どもたち四人であった。指導者は数学の研究者であり、四人の助手が助言者や観察者として一人ずつの子どもに付き添って行った。

指導時間は、毎週四時間（一日に一時間ずつ四日）で、六週間にわたる合計二十四時間であった。

学習課題としては、数学の二次関数の概念を学ぶために用意された積木課題と天秤課題であり、この順にどのように指導し、どのように学んだかを具体的に説明してみよう。ただ右の著書での記述をそのままとめると分かりにくいので、大幅に言い換えてまとめてみる。

〈積木課題〉

まず初めに図11に示したような板を並べて見せる。表面が正方形の大きい板が1個、横が1センチメートルで縦が長い長方形の板が4個、一辺が1センチメートルの小さい正方形の板が４個であった。そして表面の図形に注目させてから、小さい正方形の縦と横の長さは１センチメートルであることを知らせ、ここにはメジャー（物差し）がないから、大きい正方形の縦と横の長さを「x」という記号で表わすことにしようと告げた。

このことを十分に納得させてから、図12の右側に示したように板を並べて見せ、上の面の図形の縦と横の長さをどのように表せばよいかを問いかけた。そして子どもが両方とも x＋2 になることを理解したことを確かめてから、その組み合わせで立体の表面の正方形の面積は $(x+2)^2$ になることを教えた。

つづいて図12の左側のように板を並べ替えた二つの立体を見せた。そして左側の細長型の大きい立体の上の面積は、縦が x＋4 で、横が x であるから x(x＋4) になる。そ

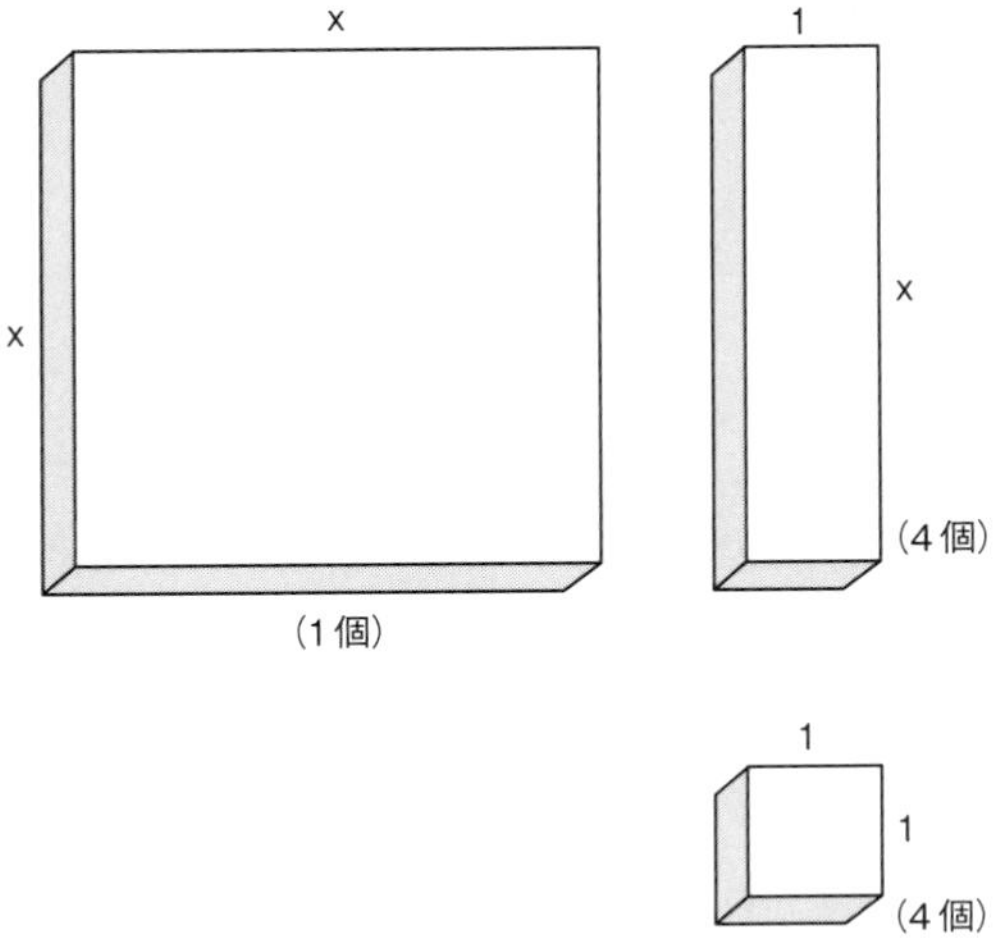

図11　積木の説明 [31]

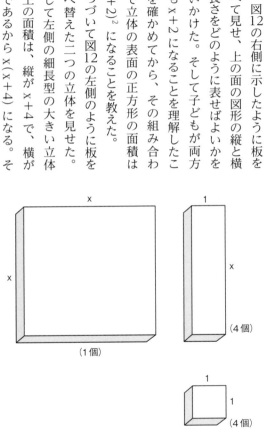

して縦、横ともに2になる小さな立体の表面席は2×2=4になる。したがって併せた全体の表面積は$x(x+4)+4$になることを教えた。

このような作業をともなう学びを終えてから、図12のような二通りの変形作業でできた立体はそれらを構成する9個の立体が同じであることから、それらの表面積も同じになるはずであることを気づかせた。そしてその気づきから$(x+2)^2$の式と$x(x+4)+4$が同じになることを予想させ、どちらもx^2+4x+4と表せることを教えたのである。

〈天秤課題〉

つぎに図13に示したような天秤を用いて、二次関数を積木課題の場合

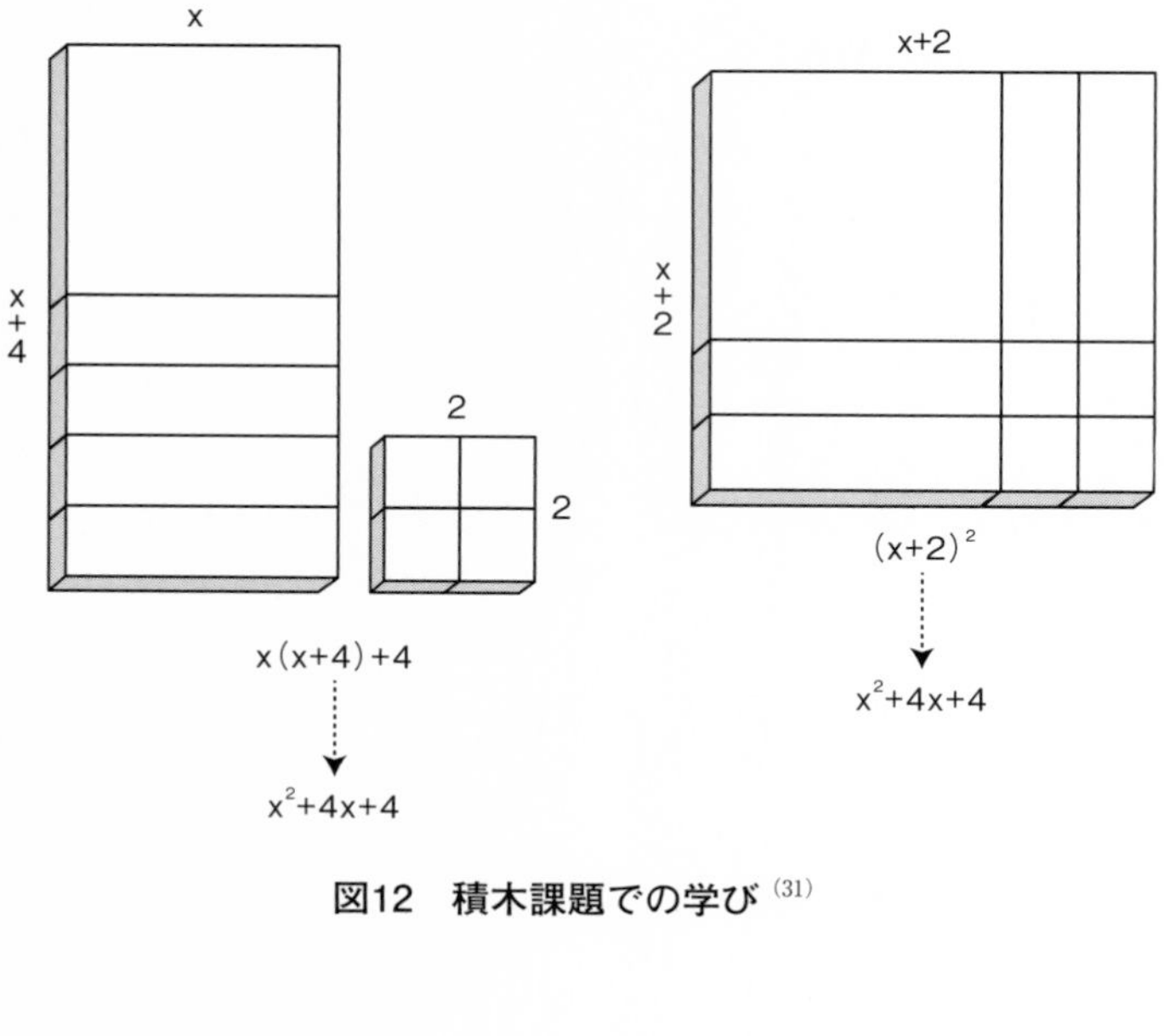

図12　積木課題での学び(31)

と同じ子ども四人に個別に指導している。

まず初めに「この天秤の右の方の番号のところにその番号と同じ数のおもりをかけ、左の方にはそれとは異なる番号のところに番号と同じ数のおもりをかけて右と左をうまく釣り合わせてください。左側の番号の位置を色々に変えてやってみてください。その結果をノートに書きなさい」と指示した。これが予備的な学びである。

この指示による作業を終えてから、第一ステップとして「左側の番号の5のところをxという記号で表わすことにします。そうすると7の番号の位置はx＋2となりますね。8の番号の位置は……」と問いかけ、秤りの左右の位置を記号や式で表す方法を学ばせた。

「このように位置によってx＋2とかx＋3というように変化するので、ここではx＋□を書いておくことにします」と説明した。またおもりの数は1、2、3という数で表わし、一つずつの重さは同じであることも伝えた。

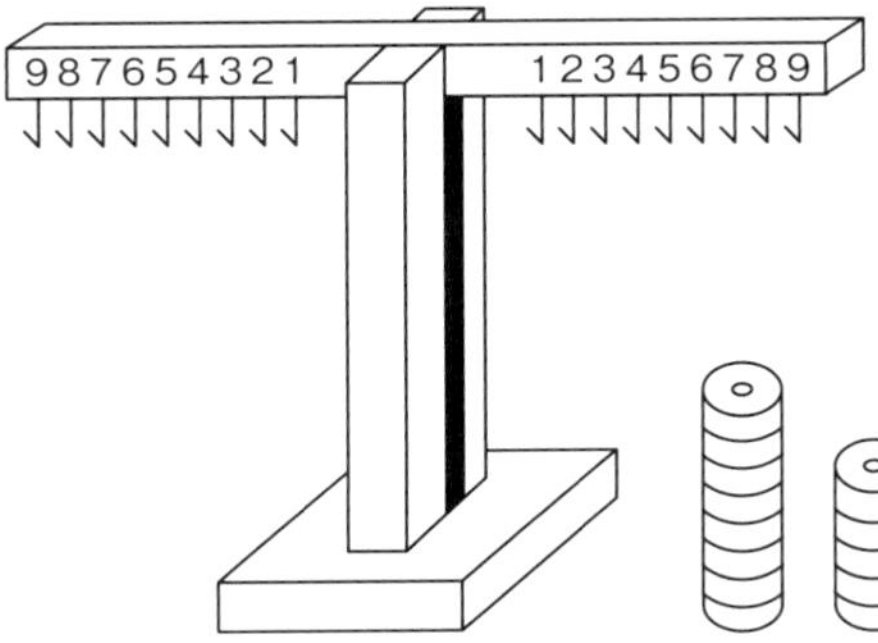

図13　天秤課題での学び[31]

第二ステップに入ると、左側の5の位置に5個のおもり、4の位置に5個のおもり、1の位置に4のおもりをかけ、右側には7の位置に7個のおもりをかけ、左右がうまく釣り合うことを確認させた。そして左側と右側にどれだけの重力が働くかを記号と式で表すことを学ばせた。それぞれの位置に働く重力は支点からの距離（番号の数）と、そこにかけるおもりの数の積として表すことを教えた。

そうすると左側には（5×5）+（4×5）+（1×4）の重力、右側には（5+2）×（5+2）の重力がそれぞれ働くといえる。この中の5という数をxという記号に置き換えると左側は x^2+4x+4、右側は $(x+2)^2$ と表すことができ、どちらも x^2+4x+4 となることに気づかせた。この数学的な表し方が積木課題と同じであることを知り、子どもたちは感動したのである。

積木や天秤による学びを映像的把握、記号や数式による学びを記号的把握と説明されているが、前者はイメージ的表象、後者は言語的表象による学びと言い換えることができる。そうすればこの実証的研究は第2章で述べた表象の二重構造化を実証したものであるといってもよいであろう。

このように検討を重ねると、ブルーナーの研究は附表の③と④の類型の精緻化を実証した研究であるといえる。

学校・学年間および教科間の学びのつながり

今回の学習指導要領の改訂に際して、総則の柱として色々な視点が設けられていたようである。その中の一つとして、「教科等間・学校段階間のつながりを踏まえた教育課程の編成」が「何を学ぶか」の視点の説明として述べられている。(32) これは学校や学年ごとの学びをつなぐという改訂の趣旨であるが、ここではブルーナーの研究や提言と関連づけて注目したい。

わが国では教育課程を編成するには学校・学年間の教科内容の系統性を重視してきた。この系統性はカリキュラムのシークエンス（縦のつながり）と呼ばれている。このシークエンスでは学ぶ順序をそれぞれの教科特性に基づいてその内容によって決めることが重視されてきたが、ブルーナー論を重視すれば、内容だけでなく学び方も考慮するように変わるのではなかろうか。

前節で紹介した実例に出会うと、小学生でも表象の二重構造化をベースにして学び方を変えるとこれまで中学校に配当されていた二次関数を学ぶことができると考えなければならない。そしてこのことは早期教育という視点よりも学校・学年間の学びのつながりという視点から注目されるべきであろう。

これまでの内容重視の教育課程では、二次関数は中学校の数学で学ぶことになっており、知的性格をそのままに保って小学校でも教えることは検討されていない。しかし学び方を考慮する教育課程では、具体性を重視したレベルから抽象性をより重視したレベルへと学び方を変えてつなぐという発想も可能になるのである。もちろんこれまでの教育課程でも部分的にはそのような配慮はあったと思うが、編成の基本原理であったとはいえない。どの教科にも核となる重要な概念がある。何が核かを正しく見抜くとともに、その概念を学校・学年間のつながりとして学び方を変えながら繰り返し学ぶように配慮するのである。この配慮は科学が急速に進歩する今日的状況に対応した教育では極めて重要なことである。深い学びが強調されるのはこのような見通しによるのであろう。

他方、教科間においても学びのつながりをどのように捉えるかが問われている。これまでは他の教科の内容と関連させながら教育課程を編成し、内容によっては両教科の学びをつないで教えるという発想が無かったように思われる。

第2章で紹介した星の観察から始めた総合学習の授業では、詩の創作という国語の学びと作曲・演奏という音楽の学びをつないだ指導が行われている。

この場合は一人の教師であるが、中学校では国語と音楽の二人の教師の協働によって展開した授業を参観したこともある。国語の時間に生徒が和歌を自ら創って発表する場面で、教室の隅に置かれていた和楽器を使って音楽の教師が曲を演奏していたのである。それを耳にしながら生徒たちは生き生きとした口調で自ら創った和歌を発表していた。

このように教科の母体である芸術、文学、科学などの特質を関連づけると、学びの質を向上させることができる。

単元内における学びのつながり

「学習指導要領等の改善及び必要な方策等について（答申）」の概要を報道した新聞（『教育新聞』二〇一七年）には次のような記事がある。「主体的・対話的で深い学びでは、一単位時間の授業の中で全てが実現されるものではなく、単元や題材のまとまりの中で実現されていくことが求められる」という記事である。

この記事の中の「まとまり」は時間的な面だけでなく、学びそのもののつながりという質的な面も重視した「まとまり」であることに注目したい。

ここでは社会科で調べ学習を取り入れた単元や理科で実験を主にした単元について、学びがどのようにつながるかを筆者の著書(33)を参考にして述べてみよう。

第一ステップの社会科の授業では、現地に出向いて直接調べる学びや色々な資料を取り寄せてまとめる学びが展開される。また理科の授業では、自然現象を直接観察してノートに記録したり、色々な実験を子どもたちが自ら試みる学びが展開する。

このステップでは知識や概念を学ぶのではなく、自らの体験を通して何を明らかにしたいのかという問題を捉えさせることに重点が置かれる。しかもその問題は子ども自身の目と手で捉えたものであれば、素朴であり漠然としていてもよいのである。

第二ステップではその問題を実際に解決する学びが展開される。まず初めに社会科では調べた資料を整理し、何が重要な問題点であるかを絞り込む。理科では子どもたちの発案を取り上げながら解決可能な問題を設定する。ここでは教師による方向づけが重要なポイントになる。またこれに続いて、その問題を実際に解決するという作業が展開する。社会科ではペアやグループでの対話的な学び、理科では実験や観察によるデータの蒐集と分析という学びが主となる。

第三ステップでは、発表・討論、評価、発展学習が行われる。そこでは自分の考え方を他者の考え方と比較して捉え直したり、さらに追及したいことを明確に捉えるという学びが進む。

右のような三つのステップを踏んで学びを進めると、子どもは次第に問題意識を高めて学ぶようになる。初めは軽い気持ちで学んでいた子どもが「今日の授業ではこれを…」「次の授業ではこれを…」と考えて学ぼうとする主体的な学びを展開し、毎時間の授業の学びがつながっていくのである。

このような意識の連続性が学びのつながりをもたらすのであって、学びの内容よりも学び方がつながりを創り出しているのである。この点を重視して単元内での学びのつながりに成功すれば、間違いなく深い学びになるはずである。

第6章 対話と論述が学びを深める

対話のための三つのステップ

「メタ認知」とともに「対話的な学び」が近頃の授業研究会では流行語になっている。今回の学習指導要領が改訂される前から協同的な学びの一形態として対話的な学びが論じられることが多く、実践的な研究も進められていた。しかし、授業の中の子どもの話し合いは教師の目指すところから大きくかけ離れており、成功した例が少なかったのではなかろうか。

そのため「相手に分かるように話しましょう」、「目を合わせ、うなずきながら聞きましょう」などと話型の指導に熱を入れる教師が増えた。しかし形から入る改革はますます子どもたちを萎縮させるだけに終わり、成功した例は稀ではなかろうか。

形よりも中味が大切であるが、その中味について筆者は前著[34]で次の三点を指摘した。ここでは、学びを深めるという観点に絞って要点を述べることにする。

第一点は、テキストや調べた資料から情報を集め、何が問題なのかに焦点を置いて考え、必要な情報を自分の言葉でノートに記入しておくことである。この事前準備が欠けていると、自分から発信するための中味がないために対話の輪の中に入ることができず、傍観者になってしまう。対話の土俵に上るには情報をしっかり捉えておく必要がある。前著ではこの点を「テキストとの対話」と名づけていた。

第二点は、自分なりの考えを持って対話の場に臨むという主体的な構えである。「自分なりの」と述べたように、完璧な考えでなくても自ら筋を通して考えた素朴な主張でよいのである。ノートを参照しながら自分はこのように主張したいという想いを抱くことが大切である。この点を「自己との対話」と名づけていた。

第三点は、最も重要な点であり、対話において他者の考えや主張をしっかり受け止めると同時に、自分の考えや主張と突き合わせて練り上げることである。この点を「他者との対話」と名づけていた。

他者の考えや主張を聞く際には、その要点のメモをノートに記しておいた方がよい。そしてノートに目を向けながら他者の話を聞くと、一時的に他者の目を見る必要がなくなる。他者の目を見続けていると、どうしても同調してしまい反論しにくくなる。また結論を急ぎ過ぎないようにしたい。授業の中で、話し合いの場が設けられても「あと○分で止めてください」と指示されることが多い。そのためまとめを急ぎ、論を深める前に妥協してしまっているように見受ける。

授業展開に即して考えると、第一点は調べ学習や実験・観察が終わった段階で留意すべき点であり、第二点は、その後で自分なりのまとめをノートに記入する場での留意点であり、第三点は、さらにその後の話し合いの進行中に重視すべき点である。そのために単元や授業を計画する段階からどのような対話を導くべきか想定しておく必要がある。そして実際の対話の場では教師は指導者というよりもファシリテーターの役に徹するべきであろう。

話し合いの進め方に関する研究から

初めに引用する研究は、小学校四、五年生の学級で算数の速さ概念についての協同学習を実験的に検討したものである[35]。

課題は「３㎞を1時間で歩くゆう子」と「５㎞を1時間30分で歩くあきお」の速さを比較する問題である。授業の20分間を利用し、二人ずつのペアでこの問題を解かせた。そこでの発話をボイスレコーダーで記録し、①自分の持っている知識に基づいた発話、②他者が持つ知識を理解しようとする発話、③他者からの刺激を受けて自分の知識の枠組みを変えた発話（調節的発話）に分類している。

このようなペア学習の効果を判定するために、プレテストとポストテストを個別に実施している。速度問題と同じ二つの変量の関係を問う問題（天秤問題など）を用いた転移テストである。その転移テストのプレからポストにかけて得点が上昇したのは③の調節的発話の多いグループであった。

この実験的資料は前の節で指摘した対話成立に関する第三点が重要であることを証明するものである。調節的発話の多いグループでは自己の主張に他者の考えを付け加え、それらを統合して新しい考えを創り出すという対話が成立し、それによって考え方が変わったのである。このことが綿密に計画された実験によって明らかにされているので、広く一般化して重視されてもよいであろう。

もう一つの研究は、読解力の向上のために米国で実施された相互教授法による指導の実践例[36]である。

数名程度の中学生のグループで互いに教え合って物語の読解を進めるのであるが、リーダーが一つの節ごとに要約し、難しい点を明らかにし、次に起こることを予想するという対話を導いている。聞き手役の生徒はリーダーを助ける援助的コメンテイターとなる。最初は教師がリーダーを務めるが、ある程度まで進むと生徒の中から一人を任命し、教師は援助役を果たし、終わる頃には生徒たちだけのグループ学習になるように導いている。

このような相互教授法は米国で成果を上げ、その地域では広く実施されたようである。対話の進め方として、教師の援助的介入が有効に働く必要があることを示唆する好例であるといえよう。

「論理科」における対話的な学び

文部科学省の委託研究校であった熊本大学教育学部附属小学校では「論理科」の中で対話的な学びを実践し、成果を上げている。(37、38、39)
目標としては、①情報（図表、文章など）の内容を読み解く、②内容の真偽や考え方の妥当性を判断する、③真実や考えを筋道立てて表現し論述する、の三つが設けられた。
方法としては、対話や討論を適宜導入して授業を進め、対話は隣同士の対話、四人か六人のグループでの討論、教室全体の討論などの方法が採られている。
対話や討論の中味が重要なポイントであるが次の五つが主な内容になっている。①比較による類推を行わせる、②ワークシートに相違点を記す、③ワークシートに自分の考えを書きつけ省察する、④二つのどちらがよいかを論拠をあげながら対話・討論する、⑤自己内対話と他者との対話を通して考え判断を下す、の五つである。

このような対話や討論の仕方を子どもの内面から捉えて言い換えると、自分の考えを他者の考えと比較し、どこがどのように違うか、どう考え直すとまとめることができるかを類推しているといえる。このような学びは附表の⑥に示した精緻化の類型に相当し、学びを深める対話として望ましいものである。

このような対話的学びの成果はワークシート、ＰＩＳＡ型テスト、家庭からの報告などで評価されている。その結果は「比較する力や既習要素の定着が導入前に比べて伸びた」、「自分の考えを理由づけて話そうとする子どもが増え、理由か根拠を問う質問が増えた」、「ＰＩＳＡ型読解力が学期を追うごとに上昇した」と報告されている。

今後、各教科の特性を考慮しながら、このような対話の場を設ける取り組みが拡がることを期待したい。

異文化との接触が考え方を柔軟にする

対話の輪の中に入ることができない子どもだけでなく、自分の主張をどこまでも続け、他者の考えを取り入れようとしない子どももいるであろう。後者の子どもはものの考え方に柔軟性が欠けていると思われるが、どのような教育によって柔軟性が育つのであろうか。

この点に関しては、世の中にはいろいろな考え方があり、どの考え方にもそれなりの根拠（理由）があることに気づかせるのが有効であると思う。

子育てに関する論考[40]の中には、比較文化論の研究が引用され、子育てにおける親の考え方が民族によって大きく異なることが述べられている。

農耕民族や牧畜民族ではまじめに働いておれば安定した収入が得られやすいが、狩猟民族や漁労民族では収入が不安定になりやすい。このような生業形態が親の考え方にも影響をおよぼし、前者では従順さや責任感のある子に育てようと考える親が多く、後者では達成心や独立心のある子に育てたいと思う親が多いことがその研究では実証されている。

また文化発達心理学の著書[41]には、子どものお金に関する考え方が日本を含む四つの国で異なることを実証した共同研究が紹介されている。

図14は小学生や中学生を対象にした質問紙調査の結果を国別に比べた資料である。友達とのお金のやりとりをどのような手段で行っているかを調べ、五つの手段の採用率を図示している。五つの手段の中で「お金を貸す」という手段が目をひくが、四つの国を比べてみるとどうなっているであろうか。

黒く塗りつぶされた左から二つめの棒グラフがその採用率を示しているが、日本は韓国やベトナムに比べて低いことが分かる。

日本の子どもには抵抗のある「お金を貸す」という考え方が、外国では広く採られることに驚くのではなかろうか。

そこでこれらの研究資料を補助教材として用いて授業を展開してみてはどうかと考える。そうすれば先の調査で紹介した育児で重視される特性の違いや後の調査で明らかになったお金に関する考え方の違いを子どもたちが知ることによって考え方が大きく揺さぶられるであろう。そして、これまでの考え方とは違った角度から考えようとするのではなかろうか。そのような学びの積み重ねが思考の柔軟性を高めるのである。

この章で取り上げた算数の授業での調節的発話、相互教授法での読解の学び、「論理科」での対話・討論、異文化との接触による考え方の変化にはいずれも附表の⑥の類型に属する精緻化が生起していると考えられる。

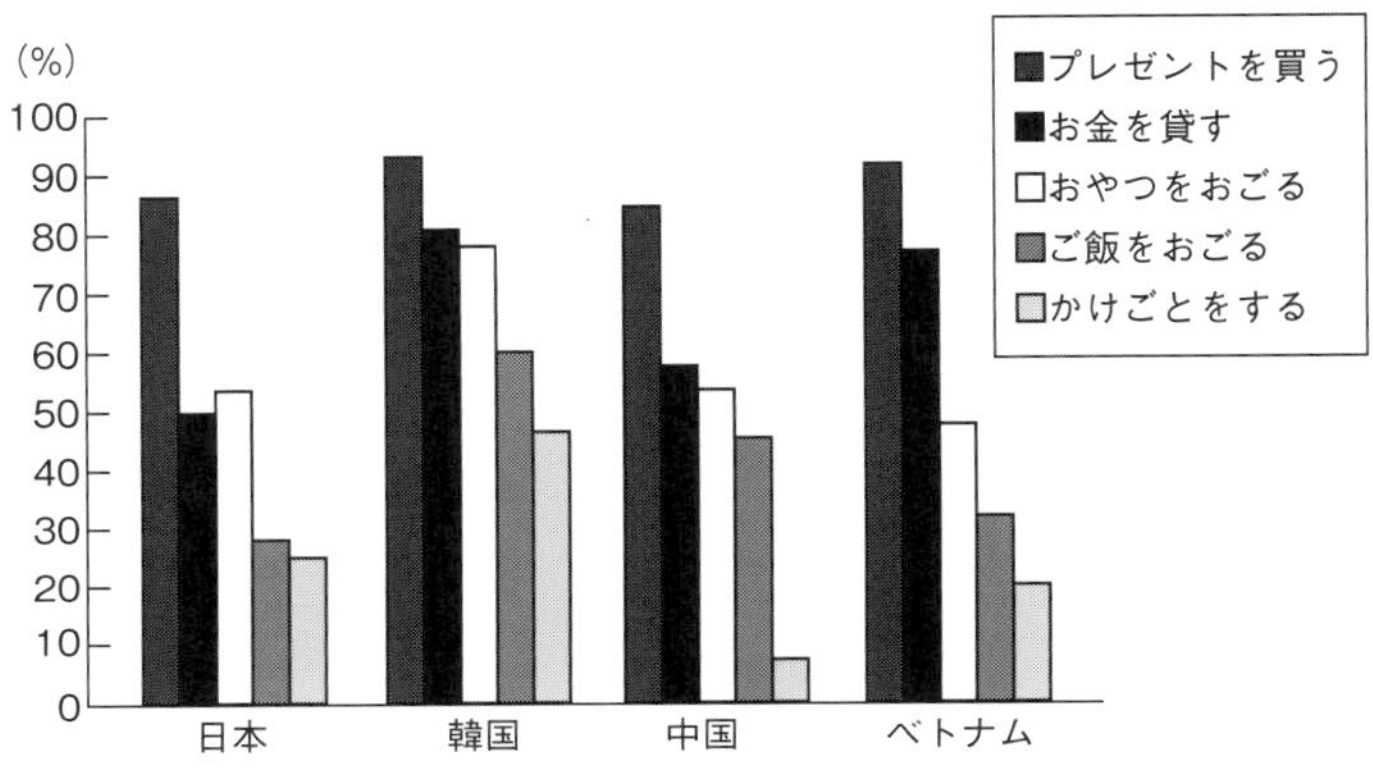

図14　友だちとのお金のやりとりにおける支出経験の割合(41)

資料収集と論述の仕方を学ばせる

「他者との討論」では生き生きとした意見の交換という利点があるが、後に記録が残らず再考に利用しにくいという難点もある。そこで考え方を練り上げるための教え方としては書き言葉によって論じ合う場を持つ必要がある。最近は小論文づくりを課している高校もあると聞くので、その基軸となる方法を提案したい。

英文学者であり評論家としても著名な学者の著書[42]には、資料収集について独特の工夫が紹介されている。

要点だけをここに紹介すると、まず書物や新聞を読む時にはカードやメモ帳に読み取った情報を短くメモしておく。見出し、出典、日付も書き入れておく。その情報をしばらく寝かせておき見直すと、新しい意味を帯びるようになるであろう。その中から面白いものだけをノートに移し、機会があれば文章化しておく。

次にそのノートにある思考やアイデアをメタノートという別のノートに整理して記入する。図15にはその一例を示しているが、リズムに関する情報が何通りもの基準で分類されていることが分かる。そして「このメタノートが二十二冊、その基になるノートが三十一冊になり、わが思考はすべてこの中に有りと思う」と結ばれており、すばらしい資料の整理法であると感心する人が多いであろう。

この著書には参考にすべき点が多いが、小論文などを書く場合は時間的にも分量的にもさらに短縮されるので、次の三点に絞って資料を作って欲しい。すなわち、①収集した資料の出典を明記する、②しばらく経ってから再検討し、取捨選択する、③カテゴリーを設けて分類しておく、の三点である。

次には、論述の進め方について、事例を参考にしながら説明してみよう。

小・中学校では感想を書かせることもあるが、それは論述とはいえない。論述の「論」は論理の「論」で

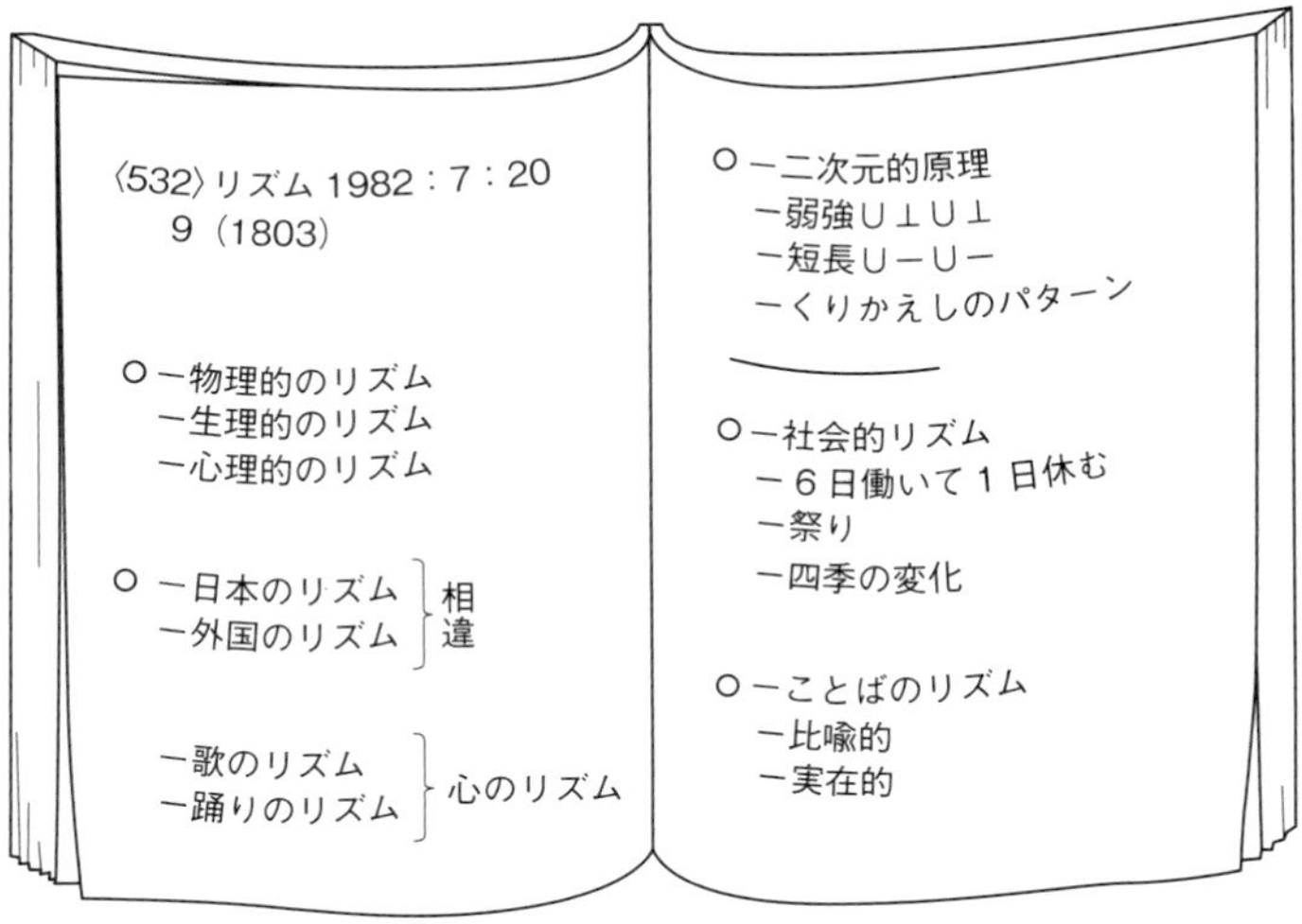

〈532〉リズム 1982：7：20
9（1803）
○ー物理的のリズム
ー生理的のリズム
ー心理的のリズム
○ー日本のリズム
ー外国のリズム
相違
ー歌のリズム
ー踊りのリズム
心のリズム
○ー二次元的原理
ー弱強∪⊥∪⊥
ー短長∪ー∪ー
ーくりかえしのパターン
○ー社会的リズム
ー6日働いて1日休む
ー祭り
ー四季の変化
○ーことばのリズム
ー比喩的
ー実在的

図15　メタノートの例[42]

あり、しっかりした論理的思考によって述べることが論述なのである。感想は書き方の学びには役立っても論理的に考えを練り上げるのには役立たない。現に実施されていたり、可能だと思われる論述としては、意見文、説明文、レポート、小論文、卒業論文ではなかろうか。

そこで本書では、論述文の作成段階を四つに区分し、①構想を立てる、②問題を提起する、③論述の根拠を明らかにする、④考察と総括を行う、という段階ごとに説明することにした。何を論じるか（論の内容）や、どのように論を展開するか（論の特徴）はこの四つの段階ごとに説明する。しかしどのような文章表現にするべきか（表現様式）は共通する面が多いので、その後の⑤文章の作り方でまとめて述べることにした。

①構想を立てる

論文全体のプランが決まっていなければ執筆にとりかかることができないであろう。そこで右に述べた四つの段階を視野に入れて、どのように論述を進めるべきかを考え、自分なりの見通しをプランとして持つ必要がある。

教師の指示で論文のテーマが決まっている場合でも自ら考え直してみるべきであり、この構想の立案は論理的に論文を書くための重要なステップになるといえる。

ある中学校[43]では、学校祭の演劇に向けて練習する時間を特別に設定しているが、その演劇優先の時間設定の是非について意見文の書き方の指導が行われている。

その指導では実際の執筆に入る前に意見文の構成の仕方をメモとして書きとめるように導かれている。話題、主張、理由、予想される反論の要点をメモするのであるが、生徒たちが誤解しやすいのは次の二点であった。

一つは、問いの形で話題を書くという発想が出にくいことであった。もう一つは、自分に都合がよいこと、論じやすいことばかりで意見文を構成しようとし、都合の悪い意見を予想することができないことであった。この二点について教師が助言し、成果を挙げている。

初心者の場合は型通りの構想の立て方を学ぶ必要があるが、熟達するにつれて自己流の構想でよいから、論文全体の流れを頭の中に描き、それを何回も練り直してほしい。しかもその流れは論理の流れであり、想像の流れではないことに留意すべきである。各段階の論理がしっかり結びつくように構想するのである。「この点を問題にしているのだから、この角度からその根拠を論じるべきである」というようなロジックで構想してほしい。

②問題を提起する

この段階でも前に述べたような問いの形で問題を提起する必要がある。しかし説明文や小論文では意見文の主張とは異なり、自分以外の人が読んでも納得できる客観性を持たせた問いでなければならない。

社会科で小グループ単位の調べ学習を行い、調査結果をレポートする説明文を書く場合を考えてみよう。そこではすべてのメンバーが合議して問題を決めるので誰が読んでも重要だと思われる問題提起になる。単独で説明文を書く場合でも他人の目を意識して問いの形で問題を提起するように心掛けてほしい。

小論文や卒業論文では、他の関連資料や先行研究を参照して、まだ解明されていない問題であるとか、これまでの研究での矛盾点を解明しなければならないことを強調して問題を提起するのである。このように客観的に見ても提起した問題の重要性を十分に認識できるように工夫することが大切である。

③論述の根拠を明らかにする

自分の論が正しいことを裏づける必要があるが、そのためには適切な資料を自ら選んで根拠を明確にする必要がある。

スウェーデンの高校二年生が美術史から一つの時代を選び、時代背景とアートの特徴の関係を論じるレポートと発表資料を作っている様子が新聞で報道されていた[44]。その中にレポートの骨子を作るのに役立つ大量の資料をショッピングカートに積み重ねて教室の中に置いている写真があった。これは必要なときに手軽に資料を選べるようにという配慮からであろう。この例のように手近なところに資料があれば必要な資料を選びやすくなるが、どんな資料に目を向けるべきであろうか。

取り扱っている分野や課題が同じであることだけでなく、自らの論述の考え方のヒントが得られる資料であるかどうかも視野に入れて選ぶように心掛けてほしい。

また自ら資料を作る場合には、調査や実験を正しい手順を踏んで行い、そのデータを綿密に検討し、整理を行うように留意すべきである。この点をおろそかにすると、論文自体が信頼されなくなる恐れがある。

④考察と総括を行う

このような資料を使って、②で提起した問い（問題）に対する答え（論考）を綴るのが考察と総括である。このことを強く意識していなければ単なる感想を並べた論文になり、それでは論理的思考を鍛え上げるのに役立たないのである。

強く意識するといっても、自説に固執して他の論を無視しては論述文にならない。そこで考察と総括ではまず次の二つのステップを踏んで論を進めるようにしたい。

第一ステップは③で明らかになった根拠に基づいて自説の正当性を入念に論じることである。その上で第二ステップとして自説と他の説の間に対立や矛盾がないかどうかを厳しい目で捉えて論じるのである。この対立・矛盾の発見が論理的思考の原動力であり、それが発見できない場合には、いくら丹念に考察されていても論文らしい論の運びにならない。

これに続く第三ステップは総括であるが、対立・矛盾を克服する考え方を自ら提唱するのである。自説と他の説の間ではそれらを支持する根拠、課題、分野がどのように異なっているかに目を向け、自説をどう修正しどう拡張すれば対立・矛盾を克服できるかを検討する。その結果おおまかな見当がつけばその論文の総括としてできるだけ詳細に書いておくのである。

どう考えても見当がつかない場合は残された課題として論じ、今後の研究においてさらに追及する必要があることを述べておくようにする。

このように考案と総括は論の違いを厳しく捉え、論理によって一段高い考え方へと進める論理的思考力を鍛える絶好の場であるといえる。これは附表の⑦に示した対立・矛盾を克服して論理的思考を進めるという精緻化に相当する具体例であるといえよう。

⑤文章の作り方

論文の内容だけでなく、文章も論文らしく工夫して書くように心掛けてほしい。そのポイントとなる留意点を、次の五点について明らかにしてみよう。

1　具体語と抽象語を上手に組み合わせる

評論家として知名度が高かった社会学者の著書(45)の中に「大学の一、二年生のレポートには学生自身の経験を綿々と或いはダラダラと記述していることが多い。(中略)一般には甚だ退屈である。(中略)三、四年生になると(中略)学術的な抽象的用語の使用が目立って増えてくる。むしろ乱用され始めると言うべきか。(中略)読んでいても何が内容なのか、それがなかなかつかめない」という記述がある。

これは的を射た指摘であるが、一、二年生と三、四年生のいずれの記述も具体語と抽象語の組み合わせ方を心得ていないために生じた失敗例ではなかろうか。

一般論としては、できるだけ具体語を使うように心掛け、抽象語の乱用を避けた方がよい。しかし論の中核となる部分では一般化するために抽象語で表現しなければならない。その場合には初めて使う抽象語の後に括弧つきで具体語を添えておき、その後では抽象語だけで表現するのである。また初めの文節は具体語で述べ、その後に「言い換えると」という言葉を挿んで抽象語を使った文節を続けるのもよい。

2　つなぎの言葉で論理的な関係を明らかにする

右に引用した著書[45]では「〝が〟は万能選手である。部屋の中にしろ、心の中にしろ、雑然と空間的並存状態にあるものを、便利な〝が〟を持ち出せば、それが全てをつないでくれる。（中略）文章を書くというのは、それ（適切なつなぎの言葉）によって、一つの混沌ともみられる空間的併存状態に新しい秩序を与える働きである」と述べられている。

これも的を射た記述であり、論述ではつなぎの言葉によって論理的な秩序を明確にしなければならない。○○が、△△が……と長い文章が続き、読み手にとっては何を言いたいのか分からなくなることがある。〝が〟という言葉では曖昧になるから、前後をどのようにつなぐかを考え、論理に合ったつなぎの言葉を選ぶべきである。

因果関係の論理であれば、「ので」「そのために」「その結果として」などの言葉でつなげばよい。特殊・一般関係の論理であれば、「一般化していえば」「広く捉えると」「これは特殊な場合であるが、総じて」などが考えられる。また具体・抽象関係の論理であれば、「これらは具体例であるが、抽象的にまとめていえば」とやや長い文節を挿むのがよい。

3　区切りをつけて文を展開する

区切りが細かすぎると散漫な印象を与え、長すぎると論の展開のリズムが捉えにくい。どの程度がよいかは執筆の構えや特徴によってさまざまであり一律に決めるのは難しいが、大まかにいえば読者が頭の中でまとめることができる分量で区切ることである。

また区切りを明確にするために、「1、2、3…」という数字をまとまりの頭に付けたり、「第一に、第二に」「第一ステップ、第二ステップ」という言葉で示すことも有効である。これらは区切りだけでなく論が展開する順序を明示しており、見通しを持って読み進めることを助けることにもなる。

4　意志決定の確かさによって言い方を変える

心理学者の著書[46]には、意志決定の状況には確かな状況だけでなく、リスクのある状況やあいまいな状況もあり、それらの認知プロセスには違いがあることが説明されている。

一般的にはこのような意志決定の違いを気にかけることは少ないが、論述の考察と総括の段階では微妙な言い方の違いで誤解や不信の念を持たれる可能性があるので留意すべきであろう。

主張や結論を述べる時、確かな意志決定ができる状況であれば「である」「といえる」という結びの言葉で表現できる。しかし、リスクがあるとか、あいまいな状況では「であろうか」「ともいえる」という言葉を使い、断定的な結びの言葉を避けるべきである。逃げ道を作っていると批判されるかもしれないが、慎重な姿勢を印象づけている点で評価されよう。

5　書き上げてから丹念に推敲する

実践的研究の論文[47]では、学生に説明文の草稿を与えて、①ペアで相互に推敲する、②自分は他者の論文を推敲するが他者からの推敲はない、③自分は推敲してもらうが他者の論文を推敲しない、④自分一人で推敲する、という四つの条件で推敲の効果を比較している。

草稿から清書するのに役立ったかどうかを調べたところ、この四つの条件間に差がなかった。その原因は推敲が局所的で小さな点の修正に終わっており、一人でも可能であったためと考察している。そして初心者に論文を指導する際には前後の文脈も考慮した推敲の仕方をとくに重視して教える必要があるとも述べている。

このように推敲を他者に依頼する場合は、語句の訂正だけでなく、書き手とは異なる角度から論の展開の仕方や文脈を批判してもらう必要がある。語句の訂正などは自分で何回も読み返すことによって十分に修正できるが、展開の仕方や文脈は違った角度から捉えて飛躍や矛盾を修正してもらうのがよいであろう。

第７章
学ぶ意欲と主体的態度が深い学びを支える

課題関与型意欲と自己実現型意欲

「主体的な学びとは、自ら学び自ら考えることである」といわれることが多い。この「自ら」という言葉は子ども自身が学ぼうとする意欲を持っていることを言い表していると思われるが、その意欲とはどのようなものであろうか。

その意欲は課題関与型意欲と自己実現型意欲の二つであることが明らかになったが、この分類は筆者独自のものであり[48]、しっかり説明しておく必要がある。そこでこれまでに提唱されてきた動機づけ論と関連づけて次に論じることにした。

一つ目の課題関与型意欲は学びの課題や活動に深く関わろうとする意欲である、と一応定義しておくが、これだけでは分かりにくい。そこで具体例で説明する。「面白いから」「楽しいから」という興味・感情、「できそうだと思うから」「分かったときに達成感を持ったから」という効力感、「もっと知りたいから」「次々考えていくのが面白いから」という知的好奇心、「疑問を解決するのが面白いから」「さらに調べてみたいから」という探求心などが具体例である。

このような意欲を持つ子どもは教師や親から強いられることがなくても自ら学ぼうとするであろう。この意欲は心理学では内発的動機づけという用語によって理論化され、多くの研究によって検討されてきた。ただここでは深い学びを導く意欲という観点から論じているので、子どもがそのような意欲を持っているのかどうかを問うのではなく、どのような支援があればその意欲が育つのかという観点から取り上げている。育てるべき意欲の一つとしてこの意欲を取り上げることにしたのである。

自律的動機づけに関する研究をまとめた最近の著書[49]を参照すると、他律内発的動機づけという用語が使われている。それは「教材や教科書が面白いから」「面白い先生だから」というように、外からの働きかけによる内発的動機づけである。育てるべき意欲という観点から見ると、教材、教科書、教師による動機づけは最も重視すべき外からの働き方であり、この点から他律内発的動機づけも課題関与型意欲の一つであるといえる。

しかしよく調べるとそう簡単にいえないことが右の著書[49]を読み進むにつれて分かってき

た。外からの働きかけによるとしても内面化して内発的動機づけとして定着しておればよいが、短時間の効果にとどまったり、その場だけの疑似的な内発的動機づけに止まっていては困るのである。そのような場合は課題関与型意欲であるとはいえない。

もう一つの自己実現型意欲は自分の良さを活かし、将来目標を持って学ぼうとする意欲である。このように表現すると、それは高校生や大学生の意欲であって、小学生や中学生がそのような意欲を持って学んでいるとは思われないと反論されるかもしれない。確かにその通りであるが、この意欲の素地は小学生や中学生の心に芽生えているのである。その素朴な意欲も含めて、自己実現型意欲の具体例を挙げてみよう。

「勉強することは将来のために役立つから」「自分のためになるから」という価値づけ、「どんどん力を伸ばしたいから」「得意な科目でがんばりたいから」という有能感、「社会で役立つ仕事がしたいから」「困っている人を助けたいから」という向社会的欲求が具体例である。

これらは先に引用した著書[49]の中で取り上げられている同一化的動機づけとほぼ同じ内容である。この「同一化」という言葉は、「社会的に望ましいと考えられる価値を自分の価値として同一化した」という意味で使われている。またその説明から分かるように、自分の良さを活かそうという有能感や自己成長欲求と価値づけが合体した動機づけであると考えられる。そのため自己実現型意欲にぴったり合う動機づけはこの同一化的動機づけであるといってもよいであろう。

またその著書[49]には取り入れ的動機づけという用語でもう一つの動機づけが説明されている。「勉強で友達に負けたくないから」「友達より良い成績をとりたいから」などの優越欲求がその具体例である。この欲求は先に挙げた有能感と本質的には同じであると思われるので、自己実現型意欲に含まれるといえる。

しかし優越欲求だけが強くなりすぎると、排他的な競争心を抱くようになる恐れがある。第1章の初めに述べた他人を蹴落とすような人間に育つ恐れである。それでは育てるべき学びの意欲であるとはいえない。そこで優越欲求だけでなく自己成長欲求を主体にして一体化するという教育的配慮が必要である。自分を生かそうという心構えの一部に優越感が含まれていてもよいと考えるべきであろう。

学びの意欲の発達的変化

先に述べた二つの意欲が育てるべき意欲であることが明らかにされたが、今の子どもたちの実態はどうなっているのであろうか。一人ひとりに会って聞いてみたいが、それは困難である。そこで大学生に自分の過去を振り返ってどのような意欲を持って学んでいたかを回想してもらう方法が考えられる。前の節で引用した著書[49]にはその方法で調査した結果が紹介されている。

小学校から大学までの各学校段階でどのような理由で学んでいたかを考え、やる気全体を一〇〇%とし、四つの動機づけが理由となった割合をパーセントで答えさせている。その結果が図16であるが、次の三点に注目したい。

第一点は報酬や罰などの外からの働きかけによる外的動機づけが小・中学生では圧倒的に多いことである。これは好ましくない状態であり、本書での育てるべき意欲とはまったく反対の意欲である。この実態からも本章で取り上げた二つの意欲を育てることが重要であるといえる。

第二点はその外的動機づけは中学校、高校へと進むにつれて減少し、逆に取り入れ的動機づけや同一化的動機づけが徐々に増えることである。この点は教育論としても発達論としても重

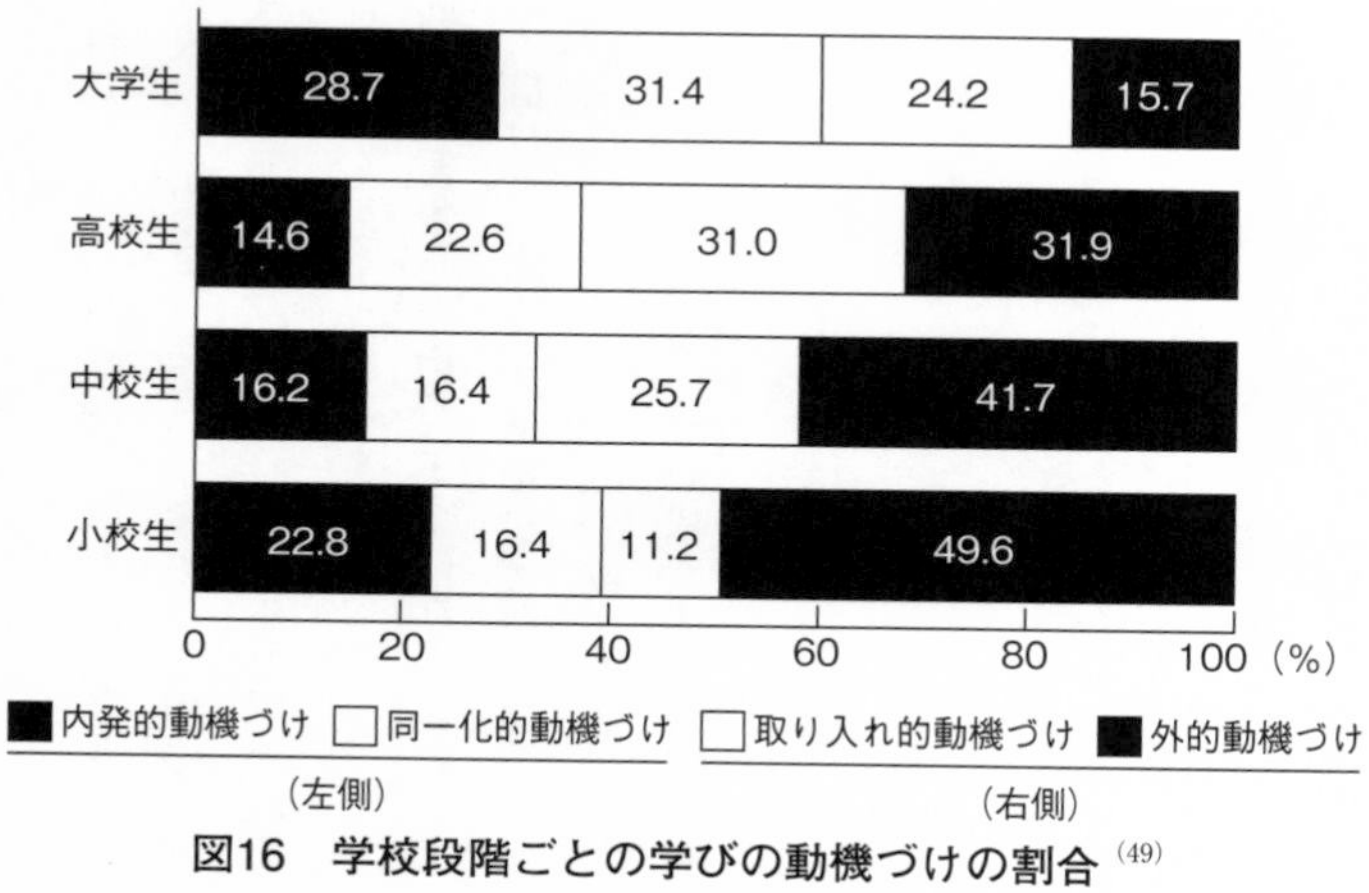

図16　学校段階ごとの学びの動機づけの割合[49]

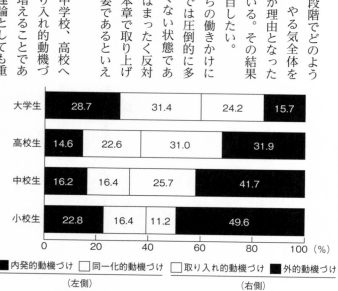

視すべきであると考えるので、この節では後で詳しく検討することにしよう。

第三点は内発的動機づけの割合が小学校から中学校、高校と進むにつれて減少していることである。育てるべき課題関与型意欲はこの内発的動機づけを主体にするものであるから、この実態は苦慮するところであり、これも後で十分に検討することにする。

発達的な視点から学びの意欲を論じた著書[50]を参考にして右に指摘した第二と第三の問題点を中心にして考えてみよう。

その著書には「自我同一性の確立」という言葉によって中学生から高校生に続く心の変化が論じられている。エリクソンの理論によれば、この自我同一性は社会の中に自分を位置づけ、他者との調和を図りながら欠点も含めて個性を捉え、あるべき自分らしい生き方を見つけることである。これは青年期の発達課題であり、どうしても乗り越えなければならない課題なのである。

この視点から考えると、中学生や高校生になると外発的動機づけから同一化的動機づけや取り入れ的動機づけへと移行することはあるべき自分らしい生き方を見つけようとする望ましいことであり、発達論としても重視されている点であるといえる。社会での価値観や排他的でない優越感から学ぼうとする子どもは、その発達課題の達成へ向けて一歩前進しているといえるからである。このような視点から教師や親も助言することが求められるであろう。

また右に引用した著書[50]には思考力の発達についてピアジェの発達論が取り上げられている。そこでは児童期は「具体的操作期」に当たり、具体物で示されると論理的思考ができる発達段階であると説かれている。そして次の青年期に入ると具体物がなくても抽象的な言葉や記号だけで論理的思考が可能になる「形式的操作期」に移行するという説である。

この指摘から第三点の内発的動機づけの割合が中学校、高校と進むにつれて減少することを見直してみることが重要であろう。

小学生の初期には面白いとか楽しいという感情的なレベルの内発的動機づけが多い。ところが上の学年や中・高校生では知的好奇心や探求心などの認知的な興味を持つようになる。同じ内発的動機づけであっても質が異なるのである。したがって中・高校での内発的動機づけの低下は、感情レベルから認知レベルへの移行に原因があるといえる。そしてこの移行をよりいっそう加速し、知的好奇心や探究心に重点を置いた学びを導くことによって内発的動機づけを質的に高める指導的配慮が必要であろう。

動機づけ調整方略と実際的対処意識

ここまでは学びの意欲について述べてきたが、その意欲を主体的態度につなぐにはもう一つのステップを踏んで考える必要がある。前節でも引用した著書[49]を参考にしてどのようなステップが考えられるかを明らかにしたい。

動機づけを持続するには、自分の内面を見つめて調整するという意識的な対応が必要になるが、その意識を自己調整方略という用語で捉えた研究が進んでいる。学びの方略であるメタ認知の一つであるともいえるが、ここではその心理学用語をそのまま使って次に論じることにした。

その著書[49]には動機づけに関する自己調整方略を調査した一つの研究が紹介されている。大学生に内発的動機づけ、同一化的動機づけ、取り入れ的動機づけ、外的動機づけについて説明し、それぞれの動機づけによって自分が勉強を始めた時のことを考えて答えてくださいと告げた。またその動機づけを高めたり、持続したりするために次のような自己調整をどの程度行いますかと問い、その程度を四段階に評定させた。

その自己調整の方法としては、「良い結果が出た時のことを想像する」「途中でやめないよう自分を励ます」「食べたり飲んだりしながら勉強する」などである。このような自己調整方略の使用頻度を四つのタイプの動機づけについて比較すると図17の通りであった。

図から明らかなように、同一化的動機づけで最も使用頻度が高く、外的動機づけで最も低い。この結果から自己実現型意欲は行動を開始する時点だけでなく、それを続けていく段階においても自己調整が行われやすい意欲であることが分かる。

この研究は大学生を対象にしているが、中学生を対象にした研究もある。[51]

その調整方略を内発的調整方略（「ノートのまとめ方、部屋や机などの環境を整える」「将来のことを考えたり、積極的な思考をしたりする」など）と外発的調整方略（「飽きたら別のことをしたり、休憩する」「飲食やごほうびの外的な報酬でやる気を高める」など）に分けて調べている。

　またなにかを成し遂げたいという達成目標意識についても、熟達目標（課題をやり遂げることを通して理解を深め、自分の能力を伸ばすことを目指す目標）と遂行接近目標（他人より優れた成績をとってポジティブな評価を得ようとする目標）に分けて調査している。

　このような調整方略と目標意識が持続的な効果を持っているかどうかを中学生の学習習慣を調べることによって検証している。その学習習慣は自発的に取り組む家庭学習の習慣であっ

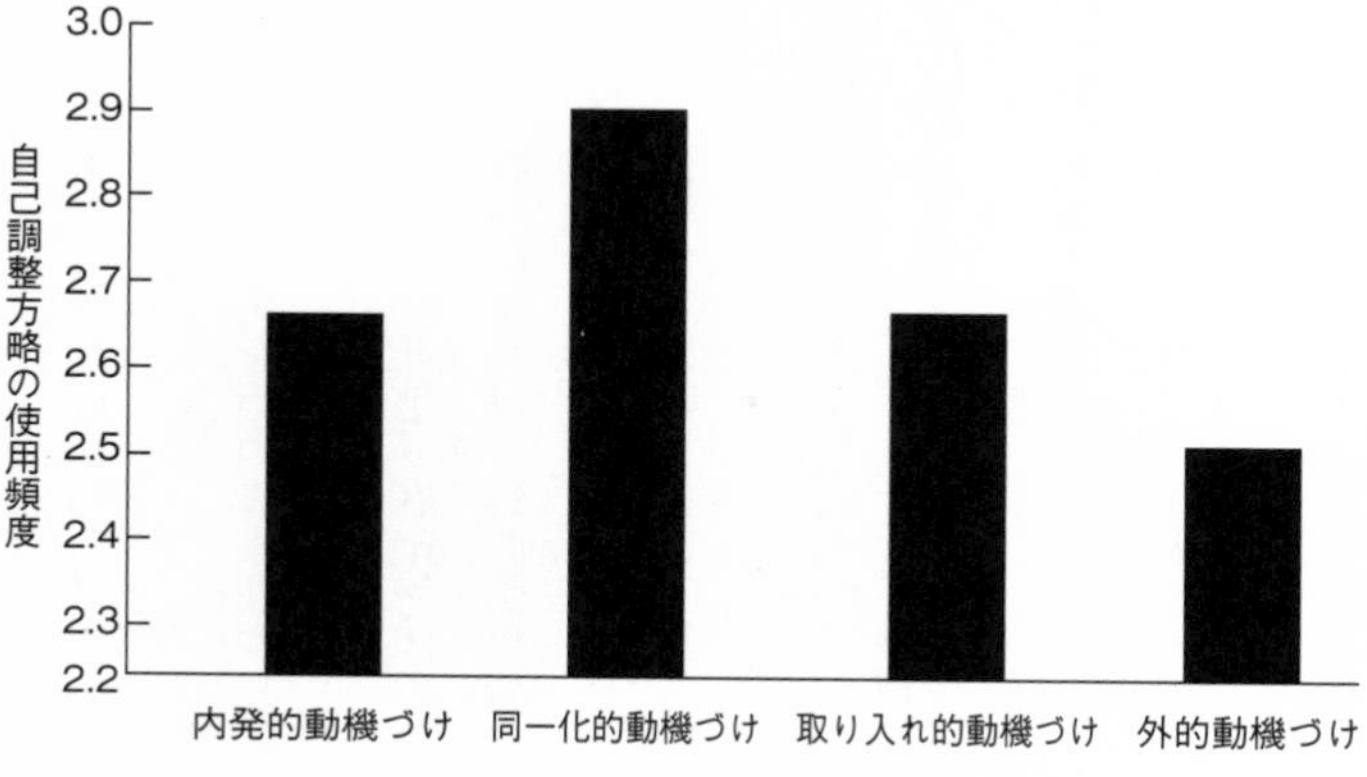

図17　各動機づけの自己調整方略の使用頻度 [49]

た。この学習習慣に調整方略と目標意識がどのように関与しているかを統計的な手法で解明した結果が図18である。

図の中の数値の大きい矢印は強い促進的な関与があることを示しているが、熟達目標意識が内発的調整方略を促し、その内発的調整方略が学習習慣の形成を促していることが明らかにされている。

この熟達目標意識は自己実現型意欲から生起すると考えられるが、その意識と内発的な調整方略が結びつくと主体的な学びの態度が形成され、自発的な家庭学習の習慣が身につくといえるであろう。

さらに一歩進めて、学びの実際の場でどのように対処したかという意識が取り上げられるようになった。エンゲージメントという概念を用いた研究であり、学びの実際

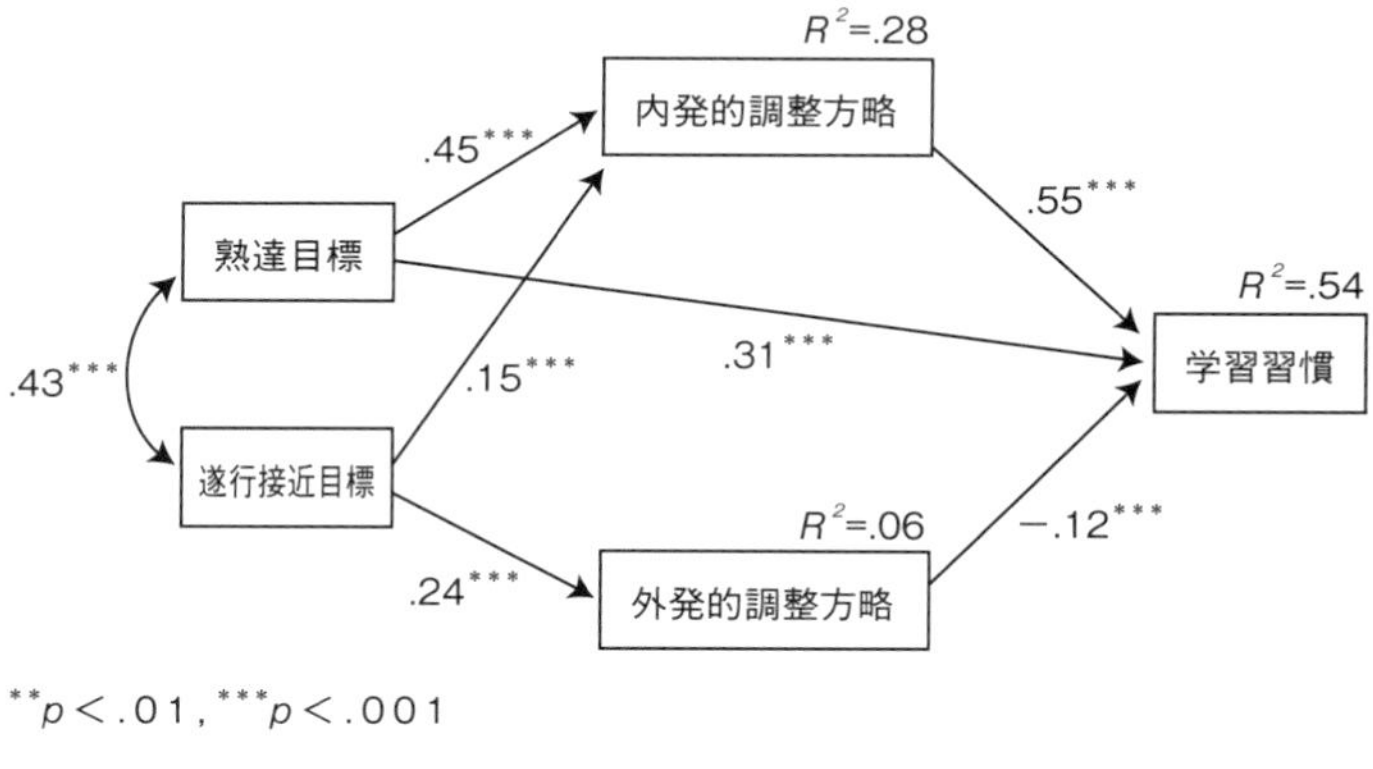

**p＜.01, ***p＜.001

図18　達成目標が動機づけ方略を介して学習習慣へと影響するプロセス (51)

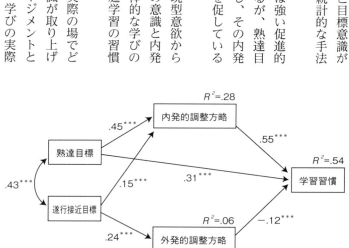

的対処意識を行動、感情、認知の三つの側から捉えようとしている。

前節で引用した著書[50]によると行動的側面としては、努力（「がんばっている」）や忍耐（「あきらめることなく学んでいる」）という意識が問われ、感情的側面としては、興味（「面白く学んでいるか」）や、楽しさ（「楽しく、生き生きと学んでいるか」）という意識が問われ、認知的側面としては、目標（「自分の就きたい仕事を意識して学ぶ」）、計画（「何を学びたいのか計画して取り組んでいる」）、精緻化（「すでに知っていることや他の知識と関連づけて学んでいる」）という意識が問われているようである。

わが国で行われた研究[52]では、大学における実際の授業の中で右に述べたような行動的側面と感情的側面のエンゲージメント方略についての質問紙調査を行ない、その授業の成果を試すテストの成績と比較している。

その資料を統計的に検討したところ、図19に示したような関連性が認められた。太線の矢印で示したのが促進的な関与を示しているが、二つの関与の仕方を読み取ることができる。

一つは、メタ認知方略（「やった内容を覚えているかを確かめながら勉強する」など）が行動的エンゲージメントを促し、テスト得点を上げるという関与の仕方である。もう一つは、メタ認知方略だけでなく自律的調整方略（「勉強の内容を自分で興味があることと関連させる」など）や成績重視方略（「勉強しないと単位が取れないと考える」など）も含めた三つの方略が感情的エンゲージメントを介して行動エンゲージメントを促すという関与の仕方である。

　これらを総合すると、学びのさまざまな方略がエンゲージメントという実際的対処意識と結びつくことによって、実際の授業でのテスト成績を向上させたということができるであろう。

　このエンゲージメントの理論は教育の実際の場からも注目されており、『教研式ＣＲＴ目標準拠検査』のような試みもある。さらに理論と実践の両面から研究が進むことを期待したい。

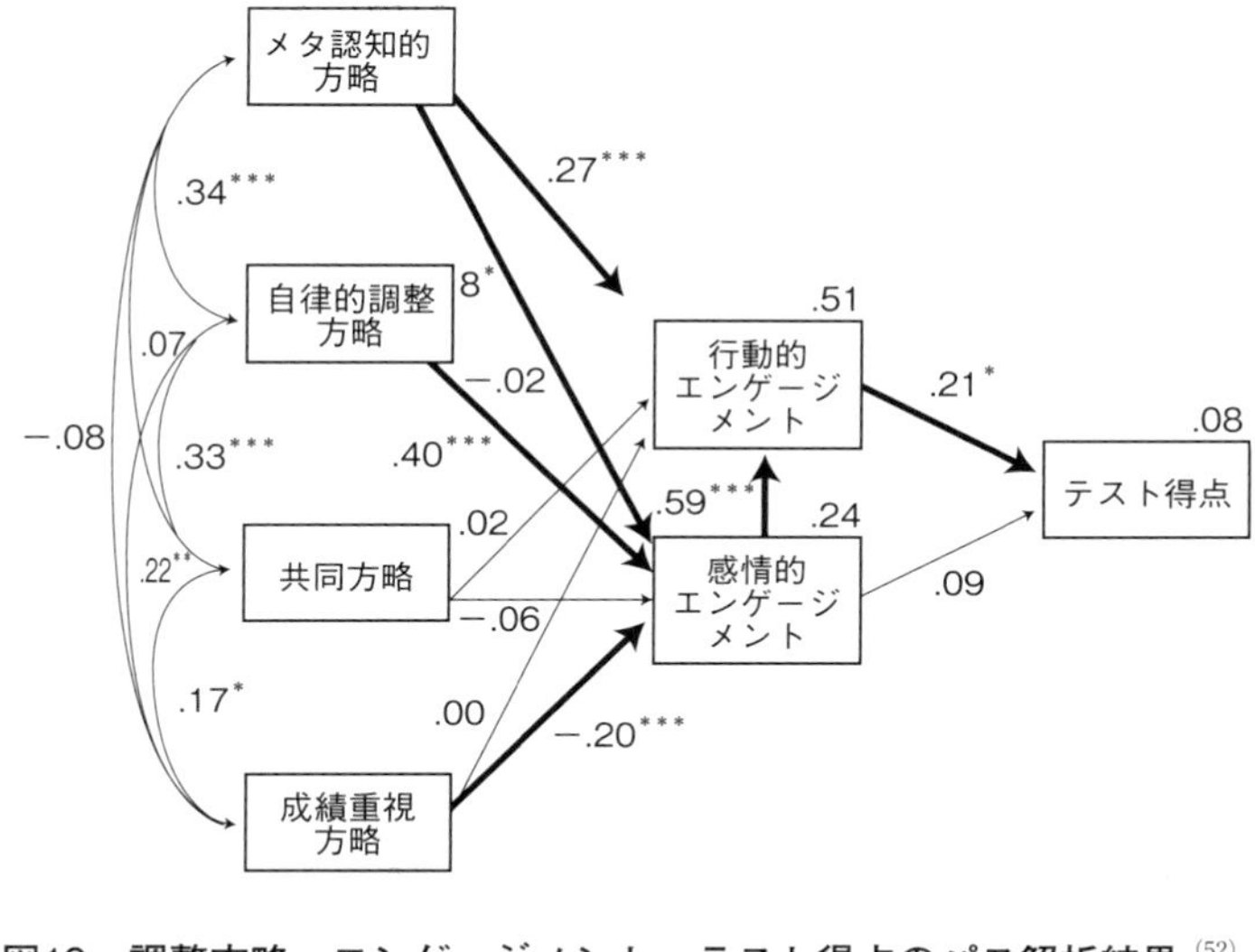

図19　調整方略，エンゲージメント，テスト得点のパス解析結果 (52)
（注）有意なパスを太線で示した

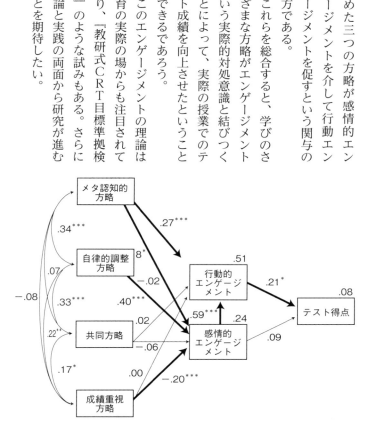

学びの主体的態度の内面的特徴

学びの主体的態度は学力を構成する要素の一つであり、観点別学習状況の評価では三つの観点の中の一つとして重視されている。このことは誰もが認めているがその内面的特徴を分かりやすく説明した論文が見当たらないのが現状である。

そこで本書で論じてきた流れに即して主体的態度を支える認知プロセスをまとめてみると、図20のような構造図を設けて説明するのが良いのではないかと考えるようになった。まったくの試案であるが、たたき台

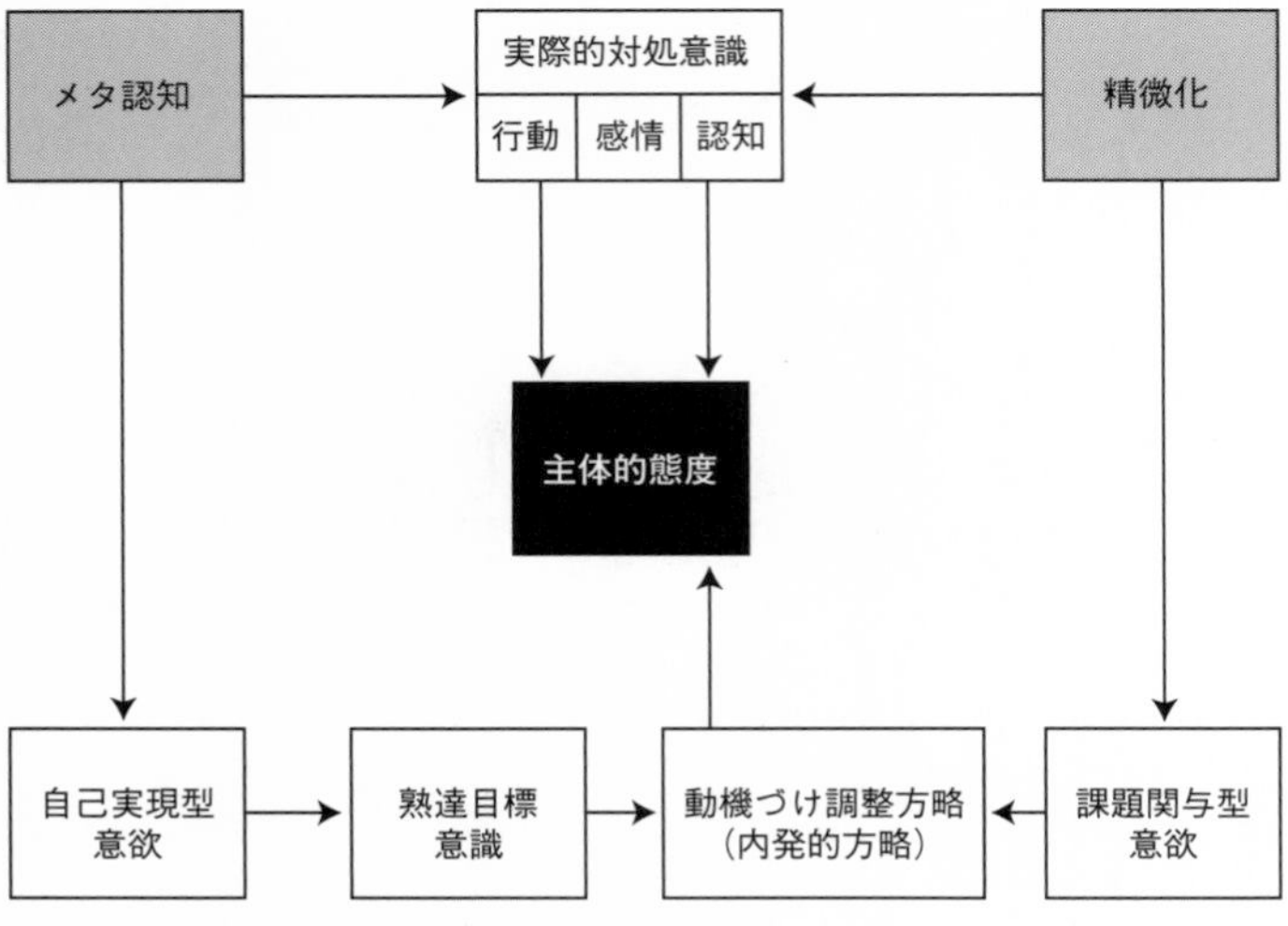

図20　主体的学びの構造図（試案）

として検討していただければありがたい。その際、矢印で示したような二つずつの経路を持つ二種類の関連性を重視する必要があると考えられる。

第一は精緻化を出発点とする関連性であり、その一つの経路は課題関与型意欲を介して動機づけ調整方略（内発的方略）を促し、主体的態度の形成につながる経路である。

附表の中に七つの類型の精緻化が示されているが、それらの具体例を見ていただけば分かるように精緻化は学びを深める心的メカニズムであり、その深い学びを続けると課題関与型意欲（知的好奇心など）が強くなるのは必至である。その意欲があれば、その発現のプロセスで調整しながら学び続けて主体的態度が身につくという関連性を想定することができるであろう。

もう一つの経路としては、精緻化による学びを経験するにつれて、留意すべきポイントが分かるようになり、自らそのポイントを厳しく意識して学ぼうとするであろう。そのため精緻化が実際的対処意識の認知面に促進効果を及ぼし、主体的態度が形成されるという関連性も想定することができる。

第二の関連性は、メタ認知を出発点とする二つの経路である。一つの経路はメタ認知が自己実現型意欲を介して熟達目標意識や動機づけ調整方略（内発的方略）を促し、主体的態度の形成につながる経路である。附表の具体例から分かるように、メタ認知によって自らの学びをモニターしコントロールしていると有能感などの自己実現型意欲が徐々に強くなる。その意欲がバネになって目標意識や方略も活性化されるので主体的態度を身につけることができるのであろう。

もう一つの経路としては、メタ認知を持ち続けて学んでいるとその基底となる努力や忍耐強さなどの大切さを実感するようになるであろう。また苦難に打ち克つだけでなく、楽しい雰囲気を大切にするようになる。そのためメタ認知が実際的対処意識の行動面と感情面を促して主体的態度につながるという経路ができると考えられる。

このような見方をすれば、精緻化やメタ認知が主体的学びの原動力であることに気づく。したがって指導においても支援においても学び方に注目し、精緻化やメタ認知の働きを促すことを重視し、それらの働きが意欲や意識につながるように配慮する必要があるといえる。

挙手や発言の回数だけで学びの主体的態度を捉えるのではなく、子どもの心の内面を捉えるという教育本来の在り方に立ち戻って考え直してほしい。ただそのような姿勢を持っていても教師の思い込みや誤解によって指導や評価を間違った方向に進めることがある。それを避けるにはこの構造図が役に立つであろう。どのような学びができているかをこの図に照らし合わせて推察すれば、改善点が見つかるのではなかろうか。

第８章　学びの深化を妨げるもの —困難児の実態—

学びの困難児の実態

学びに困難のある子どもはどの程度の数に達するのであろうか。実態を捉えた資料から見てみよう。

文部科学省が二〇〇三年に全国の小・中学校を対象にして調べて公表した資料(53)がある。図21にその結果が示されているが、その中で「学習面で著しい困難」と記されているのは「聞く」「話す」「書く」「読む」という言語面と「計算する」「推理する」という思考で極度に難しい子ども（学習障害児など）を指す。行動面の困難とは注意が集中せず、動き回るなどを示す子ども（多動児や高機能自閉症児など）を指す。この両方にカウントされる子どもなどを考慮しても、総数は6パーセントを越えることが分かる。

　またOECD（経済協力開発機構）が二〇〇六年に発表したPISA調査の結果[54]では、六段階評定のレベル1と1未満の生徒が義務教育終了時にどれくらいの割合になるかを報告している。このレベルの生徒は将来の生活に必要な学力に達していないとみなされているが、その割合は読解力で19・0%、数学で13・0%、科学で12・1%であった。フィンランドの場合はそれぞれ4・8%、5・9%、4・1%であり、それと比べると日本は著しく多いことが分

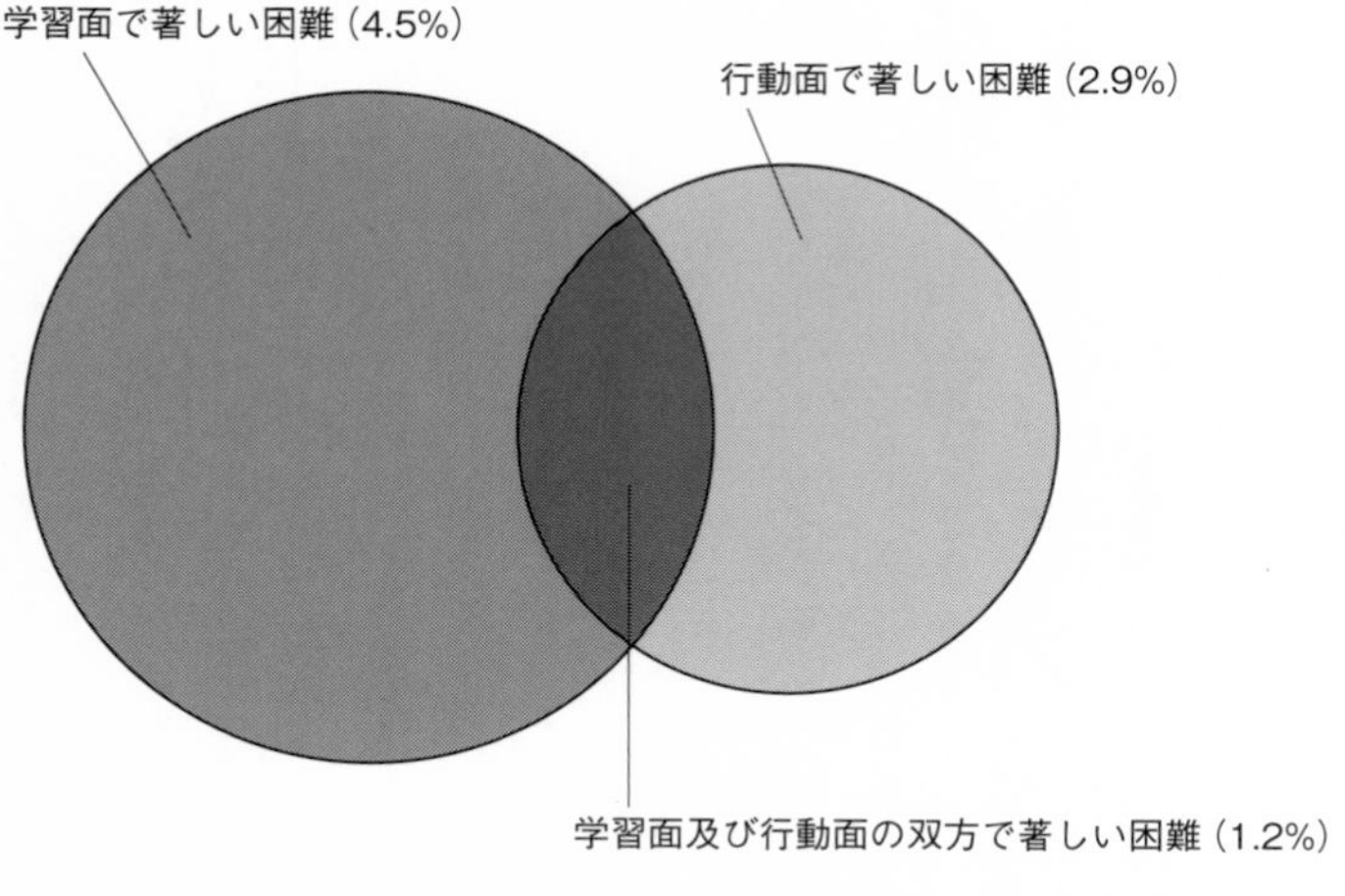

図21　知的発達に遅れはないものの学習面や行動面で著しい困難を示すと担任教師が回答した児童生徒の割合[53]

かる。

文部科学省の調査では学習障害や多動児・自閉症児の診断のある場合に限定して調査されているので、それ以外の学校の授業についていけない遅れがちな子どもは含まれていない。そのような子どもであっても学びの場で厳しい困難な状況にあることには変わりがないのである。

そこでこのような子どもも含めて学びの困難児の状況を調べた研究[55]を紹介してみよう。

小学校の学級担任に依頼し、学習が著しく困難な児童2名、学力が普通以上の児童2名について認知的側面（「話し言葉はどれくらい上手か」「すじみち立てて考えることは得意か」など20項目）、情緒的、社会的側面（「忍耐力はどれくらい身についているか」「友達とうまくやっていく力はどれくらいか」など29項目）、動作的側面（「ぎこちない動作が見られるか」、「教室の中でちゃんとした姿勢を維持しているか」など9項目）について五段階で評定しても

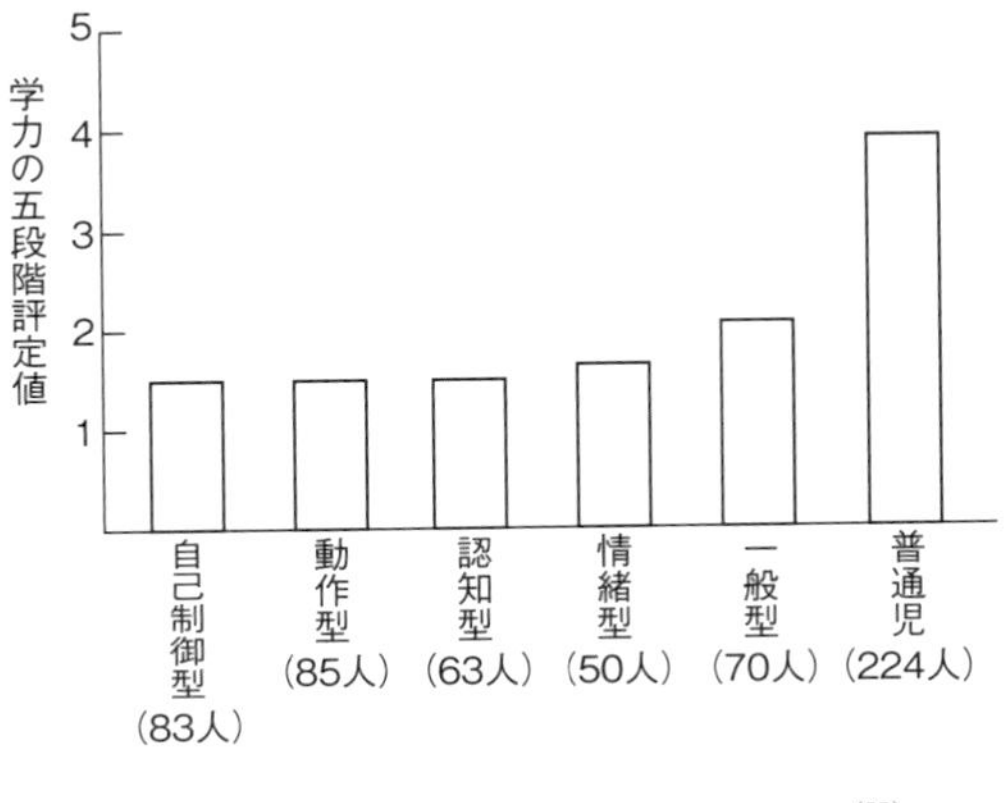

図22　学びの困難児の類型別の学力[55]

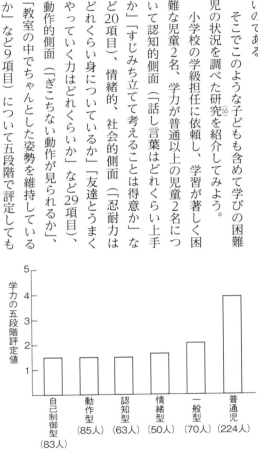

らった。

そのデータを因子分析し四つの因子が抽出されたので、どの因子得点が高いかによって図22の横軸に示した四つの型に困難児を振り分けた。そのような分類が難しい困難児は一般型と名づけて示している。そして国語、社会、算数、理科の五段階評定値の平均を型別に比べたのが図22である。

この図から明らかなように普通児よりも著しく劣る成績であり、また一般型よりも四つの型の困難児の方がやや劣ることも判明した。

この研究の予備調査では学級に何人ぐらいの困難児がいるかを尋ねているが、その結果では2名が最も多く、次いで3名、最も少ないのが4名と1名であった。このような実態から文部科学省の調査による6・3%よりもかなり多い困難児の発生率が想定される。

しかもこの調査での認知型の困難児には学習障害も含まれ、動作型や自己制御型の困難児には多動児も含まれていたが、それ以外の子どもが多いことも明らかになった。したがって特別支援の対象児以外にも学びの支援を必要とする遅れがちな子どもが多いといえる。

また、前述のPISA調査で日本の発生率が高かったのは、その当時の状況から考えるとわが国の生徒には馴染みのない問題の多い学力テストであったためではないかと思われる。

作業記憶から読書困難を考える

記憶には感覚記憶、作業記憶、長期記憶の三つの処理段階が含まれるが、読みの困難に主として関わるのは作業記憶である。読みという作業を進めながら読み終えた情報を短期間覚えておく必要がある。このような短期記憶を作業記憶（また作動記憶）という。

次には、作業記憶に関する翻訳書[56]を参考にしながら読書困難と作業記憶の関係を論じることにする。

バッドレーらの作業記憶モデルはよく知られているが、その簡略化した図が図23である。この図では外から入った情報はいったん二つのサブシステム、すなわち構音ループと視空間スクラッチ・パッドに短時間貯蔵されると想定されている。言葉や歌などは構音ループ、名前のない無意味図形などは

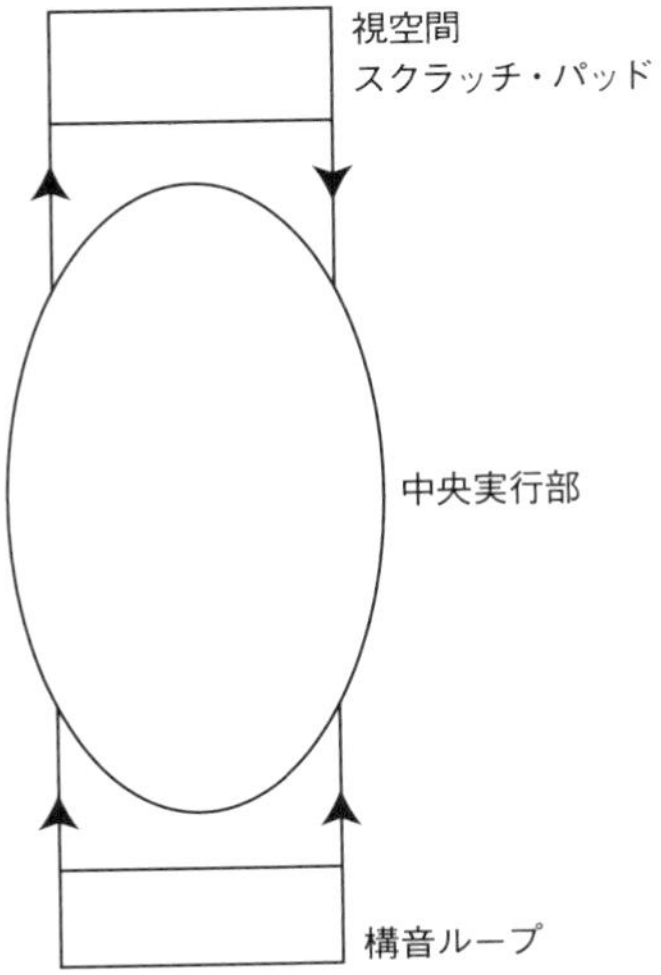

図23　バッドレーの作業記憶モデルの略図[56]

視空間スクラッチ・パッドに貯蔵される。後者の方は読みにはほとんど関連しないのでここでは取り上げないことにする。

中央実行部は情報の流れをコントロールする重要な役割を持っている。そのコントロールとして多少の情報は構音ループに一時的に貯蔵し、リハーサルすることによってその情報を有効な状態にしておくという働きも行っていると仮定されている。

このモデルが適切であるとすれば、短期間の記憶容量が少ない子どもは読みが困難になると予想される。メモリースパンテストでは一度に何個の一桁の数を覚えることができるかを調べるが、おおよそ七個程度が正常成人のスパンである。しかし子どもの場合はこれより小さいスパンであり、重度の学習困難児はさらに小さいので、その容量限界から読みが困難になっていると予想され、実証されている。

この作業記憶の容量は累積的リハーサルの訓練によって改善されるといわれているが、この点を検討した研究を先に述べた翻訳書(56)から紹介してみよう。

そこでは13歳11か月から19歳0か月の重度学習困難児を対象にし、リハーサル訓練を1日に10分間ずつ10日間にわたって実施している。実験者がhand、困難児がhand、実験者がfish、困難児がhand, fish、実験者がclock、困難児がhand, fish, clockというように、困難児は前に実験者から聞いた言葉も含めて反復する累積的リハーサルが求められた。そして一度に何個の言葉まで正しく反復できたかを記憶範囲の得点として比較した。その平均値は訓練前が3・45、訓練後が4・02であり、明らかに向上していたのである。

ところがrat, bat, cat, matのように発音の類似した言葉を使って訓練すると、訓練前が2・84、訓練後が2・95でほとんど同じであり、訓練効果がなかった。

このような実験結果から困難児の記憶範囲の限界は、音韻識別や構音というような音に関する能力が弱いことに起因していると考えられている。識別しやすい言葉ならば訓練によって改善したが、識別しにくい言葉では訓練によって改善されなかったからである。

しかし読書困難の原因は音に関する処理だけでなく、より高次な意味的処理も考えられるが、この理論モデルで説明できるのであろうか。

最も重要な点は中央実行系（部）がどのような役割を果たすかという点である。この点を論じた論文[57]によると、情報の制御だけでなく意味的処理に必要な保持の役割も果たすとすれば、個人の処理資源（リソース）をどのように配分するかが明らかにされる必要があるが、研究の現状では未解明であるといえる。

またこれまでのモデルでは音韻と視覚間のサブシステムが仮定されたが、エピソード記憶のサブシステムが提唱されたこともあり、言語の意味的処理の役割を中央実行系独自の役割と見做すかどうかも不確定であるといえる。

したがって意味的処理の原因についてはこの理論モデルで説明できないのが現状である

が、研究が各国で進められており、将来はより詳細に理論化されるであろう。

注意とメタ認知から学びの困難を捉える

困難児のなかでも多動児（ADHD）の疑いのある子は、必要な情報だけを選ぶ選択的注意に厳しい壁がある子や一つの課題に続けて集中できないという維持的注意に壁がある子など、注意に問題のある子が多いことがよく知られている。

注意には感情と認知が関わるので、その生起や維持を客観的に捉えるのは難しいが、維持的注意に関して実証的に検討した論文[58]がある。そこでは七歳から九歳までの多動児を対象に一日30分ずつの自己教示訓練を二週間にわたって行っている。

訓練に用いた課題は、線画やぬり絵を描く単純課題と縦横の関係で区切られた図形の空欄に適切な図形を選んであてはめるマトリックス課題である。それらの課題を遂行する際に課題の要請（「何をしなければならないのか」）、遂行中の留意点と評価（「線を下へ、下へと描く、よろしい、それから右へ描く…」）、自己強化（「終わった、よくやった」）を声に出して言わせたのである。初めは実験者がお手本を演じるが、次第に自分でやるように求め、また小声でささやく程度になってもよいことを告げておいた。

この自己教示訓練の効果を判定するために、認知型テスト（見本の図形と同じ図形を探すように求め、選ぶまでの反応時間と誤り数を調べるテスト）を訓練前と訓練後に実施して比較している。注意の維持力が高くなれば反応時間が長くなり、誤り数が少なくなると予想される。

図24にその増加した反応時間と減少した誤数を示しているが、自己教示訓練群は統制群より反応時間の増加が大きく、誤数が大きく減少している。統制群（1）は同じ訓練課題を遂行したが自己教示訓練は行わず、統制群（2）はどちらも行わなかった群である。この結果から、自己教示訓練は困難児の注意の維持を促すのに有効な訓練法であると結論づけている。

この自己教示は自分自身に問いかけて厳しく自らを捉えさせるはたらきであり、メタ認知を促しているとも考えられる。

そこで次に読書困難の子ども（小学校四年

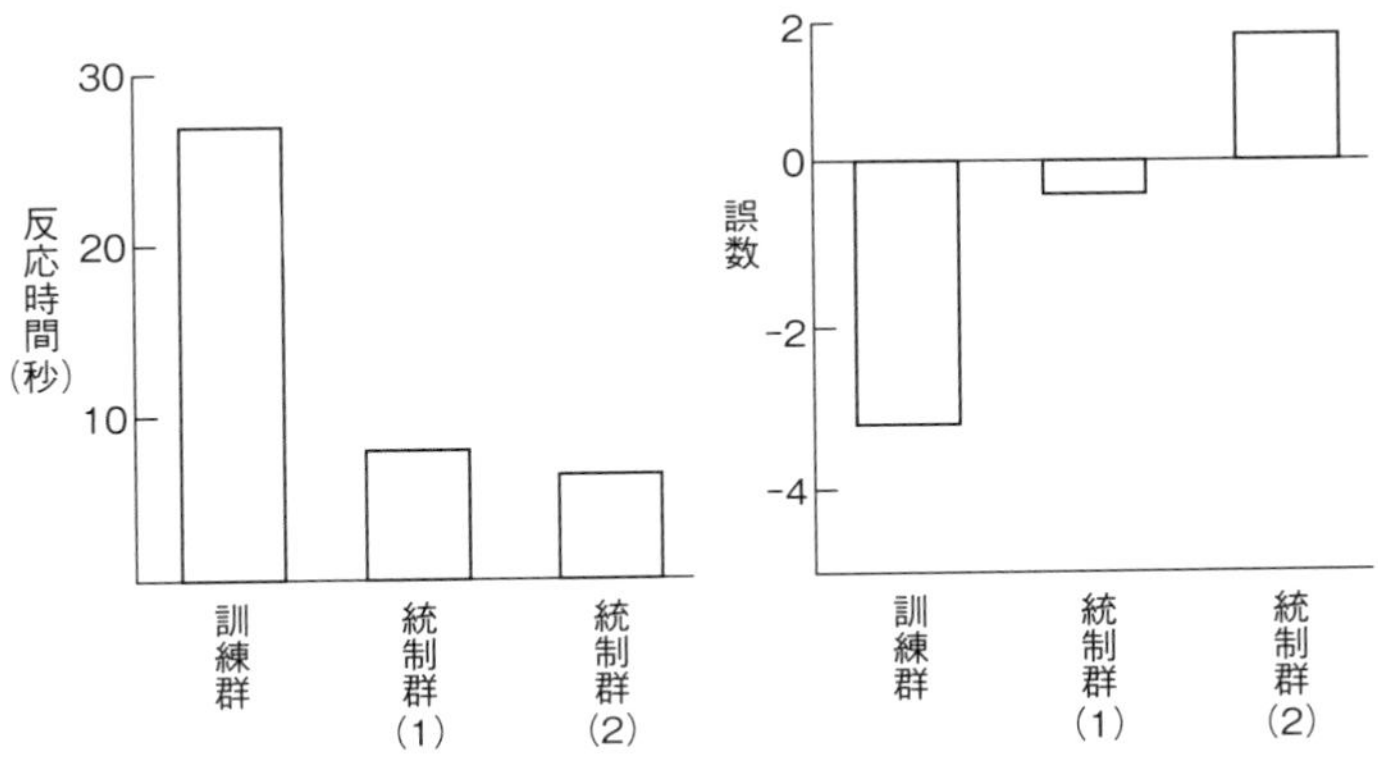

図24　認知型テストの反応時間と誤数[58]

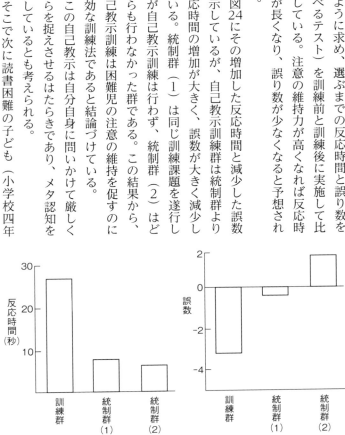

生）を対象に、読みのメタ認知を検討した研究[59]を見てみよう。

読み能力のテストにおいて低い成績を示す子どもを選び、アメリカン・インディアンに関する物語（小学校三、四年生向き）を用いて、「主人公は誰か」「いつ、どこで物語は始まったか」「主人公はどうしたか」「主人公はどう感じたか」などを問いかけ答えさせる読み方のメタ認知方略の訓練を実施した。訓練は個別に30分間から35分間実施された。またこのメタ認知方略群と比べるため、努力や楽しむことを強調する動機づけ群、メタ認知方略と動機づけの両方を実施する群も設けている。

これらの訓練効果を判定するために、訓練後の三日目に物語内容の記憶をテストし、さらに六日目には別の物語についてもその転移テストを実施している。その結果、記憶テストと転移テストの両方で、メタ認知方略だけの訓練群と動機づけ訓練と合わせてメタ認知訓練を行った群は、動機づけ訓練だけの群よりも優れた成績であった。

この結果からは、読書の困難は読みを進めるためのメタ認知方略を身につけていないことがその原因であると推察される。そして意欲づけだけではその状況から脱却させることは難しく、読みの方略を支援する必要があるといえよう。

ところで第6章で取り上げた読解の相互教授法[36]の提唱者であるパリンサーは、初めの頃はここで論じた自己教示法を研究していたのである。それを実践に移すために熟達した読み手を調べて要約、質問、明確化、予測という四つの読みの方略が利用されていることを知った。そして四つの方略をモニターしながら読むように導く必要性に気づき、相互教授法にたどり着いたとのことである。

相互教授法は対話という形を採っているが、その内容を見ると読みのメタ認知であり、先に述べた研究[59]よりもさらに高次な読みの方略の訓練が取り上げられているのである。

このように視野を広めると読みの困難児の原因は、作業記憶容量の限界という基礎的要因だけでなく、ここに述べた読みのメタ認知や要約などの読解方略が原因になっていることが分かる。どちらかというと後者の方が多くの困難児に認められる原因ではなかろうか。

精緻化から学びの困難児の治療指導を行う

これまでは実験に基づく研究を取り上げて論じてきたが、それだけでは実際にどう導けばよいのかが明確にならないであろう。そこで本節では治療的指導の実践例を紹介[60]する。治療に当たったセラピストは心理学の研究者でもあり、本書で解説した精緻化に関する実験的研究も行っており、その理論に基づいて治療計画を立てている。

〈対象児の特徴〉

対象児は小学校五年の男児である。幼児の頃は不器用であり、思っていることがうまく言えないなどの問題を抱えていた。小学校入学後は軽度の知的障害があるため国語と算数は特別な指導を障害児学級で受けていた。文章の読解と作文が苦手であり、書字は乱雑で、算数の足し算と引き算は指折り数えながら行っていた。

〈指導方法〉

五年の三学期から一回90分ずつの指導を月に二回ずつ、約十か月間続けた。そこではセラピストが子どもに一対一で面接し、次の三つの課題に取り組ませている。

①文字判読課題：文字の一部が封筒の穴から見えるようにカードを封筒に入れて提示し、どういう文字かを想像して答えさせた。その際「文字の部分的特徴によく注目すれば分かる」と教示し（項目特定処理）、同時に「全体の形を想像するように」ということも教示した（関係処理）。

②意味処理課題：文章と絵を左右のページに示した絵本を提示し、ページごとに朗読させてからその文章を二つか三つのパラグラフに分けさせた。その一つずつのパラグラフを要約させ、子どもがどのように考えてまとめたかを問うている。たとえば「子ぎつねが雪のところをかけ回っている」という要約に対して「A君は雪の中で走り回るのが好きかな？」などの印象を問う質問に答えさせた（項目特定処理）。またパラグラフごとの要約を関連づけながら「最初はこうで、次にこうなって、それからこうなった。だったらこの場面はどんな場面だといえるか」という問いにも答えさせた（関係処理）。

③文章題作成課題：0から9までの数が印字されたカードを提示し、それを使って自由

に計算させ、なぜそのような計算をしたのかを問い「この計算は得意だから」などの意味づけをさせた（項目特定処理）。また「このような計算が必要になるのはどんな時かなあ？」と問うて答えさせた（関係処理）。

このように項目処理と関係処理の考え方を指導し、その効果を別の物語絵本を使った転移テストで判定している。指導開始前のプリテストと指導終了後のポストテストを比較すると図25の通りであった。図の右側から指導前は50％に達する誤読率が大幅に減り、30％以下にとどまり、自己修正率が10％程度増えていることが分かる。

この論文の最後には、それまでは関係処理の指導だけを行い効果が現れなかったが、項目特定処理を加えることで治療に成功したことが述べられている。それは好き嫌いや生活に関連づ

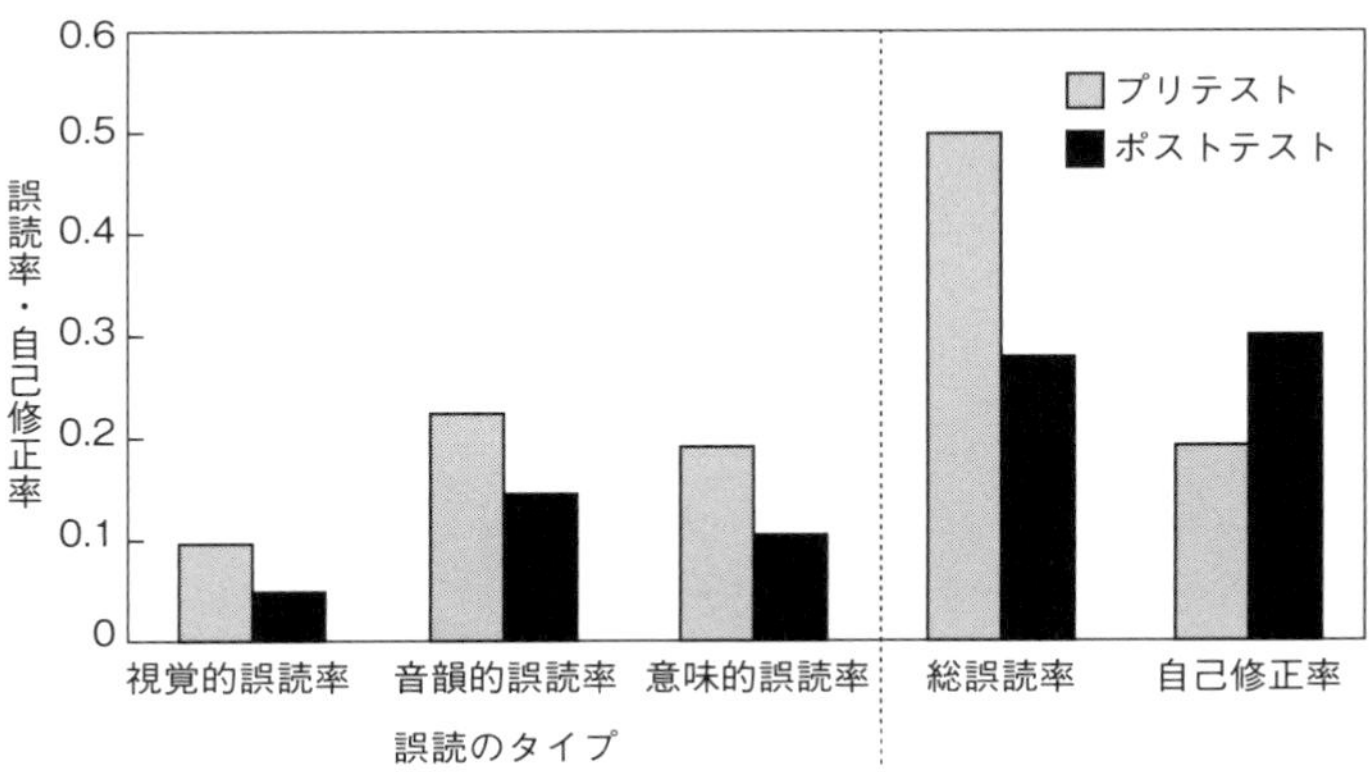

図25　朗読課題のプリ・ポストテスト(60)

けることによって自我関与が高められたからではないかと考察されている。

また項目特定処理は附表の①「言葉の意味づけを豊かにする」という精緻化に相当し、関係処理は②「知識を関連づける」という精緻化に相当する。二つのタイプの精緻化の相乗効果が実証されたといえる。

さらに自己修正率が増加したのはメタ認知が身についたためであり、精緻化による学びを続ける中でメタ認知が習得されることを実証したという点でも注目すべき研究である。

心理面の診断から遅れがちな子どもを導く

この章の初めの節で引用した調査研究[55]では、自己制御型、動作型、情緒型、認知型、一般型の五つのタイプの困難児がいることが明らかにされているが、前節で述べた治療的指導は認知型に属する困難児を対象にしていた。

しかし他の型の困難児についても、それぞれに適切な治療指導が行われる必要があると思われる。

それぞれの型には特有の心的メカニズムが考えられるのでそれを正しく診断し、適切な治療法を工夫する必要がある。教師間の会話を聞いていると、「やる気がないから」という一言で判断されてしまうことが多いが、それほど単純なものではない。次に紹介する困難児の事例(61)はそのような画一的対応に警告を発するのではないかと思う。

小学校四年生の男児であり、先に述べた調査研究での一般型に相当し、学力は著しく低く、全教科の評定が「１」であった。特別な障害がないにもかかわらず学ぼうとする意欲に欠ける子どもである。

担任教師に聞くと勉強はできないがクラスの人気者であり、人まねをして皆から喝采を浴びることを楽しんでいるとのことであった。

そこで教研式『ＳＥＴ自己向上支援検査』を実施し、この男児の意欲の特徴とそれに関連する他の心理的特徴を調べてみることにした。この検査は第７章で説明した課題関与型意欲と自己実現型意欲を診断できるように作られている。図26の一番目と三番目の下位テストがその二つの意欲を調べる下位テストである。そして二番目の他律的意欲は排他的な競争や他者からの承認を求める意欲である。

図26から明らかなように、課題関与型意欲と自己向上意欲の二つの意欲がともに低く、五段階評定の「１」であった。他方望ましくない他律的意欲が高く「３」であり、意欲の質に問題があることが分かった。また学習の仕方と学習効力感がともに「１」であり、学び方が身につかず、やればできるという効力感を抱いていないことが明らかになった。

このような診断結果から学び方の指導に重点を置いた個別指導が必要であると考え、補助教員として心理学の大学院生に約半年間にわたって授業終了後や放課後に指導してもらった。教師志望であり、熱心で温かみのある接し方をしてもらったのでその男児が信頼して接していたようである。

その結果、二、三か月が過ぎる頃から授業に熱心に取り組むようになり、テスト得点にも向上の跡が見られるようになった。その成果に担当教師も驚き、「なぜ、うまくいったのですか」と尋ねられることもあった。その際には次の三点を説明しておいた。

第一点は他律的意欲が強いことから分かるように、勉強ができない不満を抑えるために人気者を演じることによって皆から

下位テスト	評定	得点	全国平均	指数	低い←　全国平均　→高い
①課題関与意欲	1	6	11.4	53	
②他律的意欲	3	12	11.6	103	
③自己向上意欲	1	5	12.1	41	
④学習の仕方	1	2	8.4	24	*
⑤学習効力感	1	2	11.3	18	*
I 学習領域	1	27	54.9	49	
⑥情緒安定感	4	12	9.4	128	
⑦集中力・忍耐力	2	7	10.5	67	
⑧社会的スキル	2	7	10.9	64	
⑨自立体験	1	2	8.6	23	*
⑩社会的効力感	2	4	9.1	44	
II 社会生活領域	1	32	48.5	66	
総　合	1	59	103.6	57	

図26　小学校４年男児のSET [61]

（注）得点は①から⑩の下位テストすべて16点満点，評定は５段階評定

の承認を得ようとしていたのではないかと思われる。欲求不満に陥るとこのような代償を求める心のメカニズムが生じることがあるので注意すべき点である。人気者であればよろしいというわけにはいかないのである。

第二点は学び方を中心に指導し、ノートの取り方や予習復習の仕方まで根気よく教えたためか、こうすれば良いのかと気づき効力感や課題関与型意欲が高くなったことである。単に「がんばれ」と言うだけでなく、どこをどのようにがんばるかを具体的に指摘することが大切であることを教えてくれる。

第三点は社会生活領域の自立体験が「1」のレベルであり、遊びや家庭生活での自立体験が少ないことが推察される。そのために自分の力を実感する機会がないために社会的効力感が「2」と低かったのであろう。勉強だけでなく、今後家庭にも協力してもらい独力で挑戦させ自信を持つように導くべきであろう。

学習支援のポイント

最近の教育心理学関係の学会誌には、子どもの学びの実際を認知心理学の視点から検討した論文が数多く掲載されるようになった。それらの論文を総合的に調べて学習支援の在り方を述べた論文[62]があるので、その中で提案されている四点を私見を交えながら紹介することにしよう。

第一の支援は、学習内容が学び手の既存知識を踏まえたものになっているかという観点から見直すことである。

既存知識を調べるには以前に指導した教師に尋ねてみるとか、子ども自身から聞き出すという方法が通常用いられるが、必ず適切な情報が得られるとは限らない。

第1章の終りに取り上げた理科の花の進化を学ぶ授業を振り返ってみよう。そこでは事前に説明（先行オーガナイザー）を与えることが効果的かどうかは、子どもの既存知識の状態によって異なることが分かった。そこでは「葉が進化の過程で一番上の葉がめしべ、その下がおしべというように変化した」という抽象知がその既存知識であったといえる。

一人ひとりの子どもについて以前の学び方を的確に把握する必要があるが、それには個人ごとの学びの履歴をカードに記入しておく方法も役に立つであろう。またコンセプトマップ法（概念地図法）と呼ばれている連想法を用いて子どもの知識構造を調べることも助けになる。

第二の支援は、情報の選択に始まり、概括、体制化、比較、類推、統合といった能動的な学び方をしているかという観点から支援策を工夫することである。

文章中の重要な情報を選択できないために読解が進まない困難児には、重要な箇所にアンダーラインを引いたり、色を変えたりするなどの工夫が有効な支援策になる。これは本章で述べた選択的注意に壁のある困難児であり、注意制御の方法として重視したい。

　また統合に課題があると思われる困難児については、係留化された学習と呼ばれる支援策が有効である。これは馴染みのある現実場面の中に組み込んで学ばせる方法であり、たとえば算数の問題をお店ごっこの場面で売り買いと代金のやり取りによって学ばせるのである。また自己説明をさせることによって統合を促す方法も考えられる。これらは日常生活の知識に統合されるように工夫された支援策であるといえる。

　この論文では能動的認知処理という言葉で右のような支援策が説明されている。これは本書における精緻化方略に関する支援に相当しており、附表の①から⑦までの類型のどこに壁があるかを的確に判断し、それに応じた支援策を工夫するべきであると言い換えることができる。

　第三の支援は、情報の処理にかかる負担をどのようにして軽減させるかという観点から支援を工夫することである。

　負担の中には学習材料の作り方や提示の仕方によって生じる負担があり、外来的負荷と呼ばれるものである。普通児に比べて困難児はこの負担が重すぎて学ぶことができなくなる危険性が大きい。

　たとえば注意の集中が難しい困難児であれば雑音の少ない個室を用意することが考えられる。また文章題を解く際に何を求めるのか、何が分かっているのかを明確に示すことによって読解の負担を軽減することも考えられる。このようにどこに過剰な負担を感じているのかを的確に捉えて支援策を考える必要がある。

第四の支援は、複数の経路による情報処理によって学習困難を支援するという策である。教科学習の教材や教師の説明は言語経路の処理に偏りがちである。しかし人間の認知の仕組みには非言語的経路（イメージ経路）も併用されるようになっている（多重経路原理）。精緻化に壁のある困難児の多くは言語的経路だけでは処理できない子どもが多いので、非言語的経路を併用できるように支援すれば効果的である。

本書の第2章ではイメージ的表象と言語的表象の二重構造化としてこの問題を取り上げて論じている。学びの困難を乗り越える策として再度読み直していただけば支援策が見つかるであろう。たとえば紙玉鉄砲で空気の圧力を学ばせる理科の授業から、手作りの教材で視覚と触覚を刺激する活動が理解を助けることがよく分かるであろう。

補　章
対談―学びの深化を支える教育実践と教育心理学―

教育に役立つ学問を求めて

（山森）私が司会の役を果たすことになっていますので、私からは質問を中心にさせていただきます。まず初めに若い頃に教育心理学者を志して、その道に進まれたのはどのような動機からだったのかお話しください。

（北尾）私の父も祖父も教師でしたから、子どもの頃からなんとなく自分も教師になるのだろうと思っていました。しかし、その後に見聞を広げるにつれて、教育の本質を学ばなければ父や祖父を乗り越えることができないと考えるようになり、教育に関する学問として心理学を選んだのです。

東京教育大学の心理学科を卒業後、神戸大学に助手として採用され、その後に大阪学芸大学（現在の大阪教育大学）に移りました。当時、大学の若手教員を国内の大学に留学させる、内地留学という制度がありまして、助手五年目の頃にその順番が回ってきました。そこで一年間、京都大学文学部のS教授の研究室で研究することになりました。その後も九年間にわたり、個人的に指導を受け、どうにか博士号を取ることができたのです。

その論文審査会の副査の一人が、デカルト研究で著名なN教授でした。審査会は、私の論文の話よりも、S教授とN教授の、心理学対哲学の論争の様相を呈していました。そこでの話しぶりや雰囲気が強烈な刺激になり、私にとっては、学問とは何か、ということを学ぶよい機会になったのです。

教授会での学位審査の推薦状のコピーを後で「記念に」と言って送ってもらいました。その推薦状には、「この博士論文は行動主義心理学の限界を乗り越えようとする悪戦苦闘の二十八個の実験的研究であり、その結果、刺激反応理論の限界が確認された。それを乗り越える概念も提示している。その概念の証明は十分にできていないものの価値はある」という趣旨の内容が面々と記されており、S教授の理論体系重視の学問の捉え方に感銘を受けました。

私は自分の研究は記憶の媒介機構の解明に過ぎないものと思っていましたが、S教授は、従来の心理学で想定されていた説を超える仕事であると明確に評価されていたのです。S教授の学問に向かう姿勢は大局的であり、他の学問分野の学者の説にも耳を傾けて議論されることが多かった。そのためか、内容的知識よりも理論の組み立て方を大事にされていたのです。

このような三十歳代前半の体験から、永年にわたる心理学の研究で構築されてきた学問的理論は、人を育てる教育を捉える土台になるのではないかと考えるようになりました。その後も記憶に関する実験的研究を若い人の助けを受けながら続けてきたのも、S教授の理論重視の学者の姿勢に感銘を受けたからです。

（山森）博士号を取られてから、記憶の研究の他に教育実践に関わる研究や現場の指導を行っておられますが、それはどのような動機からでしょうか。

（北尾）平成期の前の昭和期の話題になりますが、簡略に話しましょう。

教育心理学の不毛性の議論の端緒は一九五二年だと言われています。しかし、当時は、Y教授の「児童心理」に載った論文での指摘に過ぎないものでした。これが議論され出すのは、名古屋大学で開催された教育心理学会の第三回総会の時だったと思います。

その後、教育心理学会は、現場の要請に応える研究をしなければならないということになり、総会の開催校が「宿題報告」という枠で発表することになりました。国語、数学などの教科の教育心理学に関する研究を総会の開催校が発表することとなり、第十回まで続けられました。

第八回の総会の開催校が大阪学芸大学でした。しかし、すでにひととおりの教科を対象とした研究がそれまでの「宿題報告」で行われていました。そこで、私が学業不振児の研究をしようと提案し、開催校内での共同研究(ア)に取り組み、その結果を報告したのです。「教科の研究だけが教育心理学ではないでしょう」という思いから始めたのですが、予想外に反響が大きく、私のところに原稿執筆や講演の依頼が多く届くようになりました。そして教育関係の雑誌に論文を書くことが多くなり、また全国各地の学校へ授業研究の講師として招かれ、授業の実際を論じるようになったのです。

そこで学校の現場の声を聞いていると、みんなと同じようにしなければならないという目に見えないドグマのようなものがあると感じました。これが日本の教育を抑圧しているのではないかと考えたのです。もちろん、画一性が必要な面もあります。例えば、読み書き計算は全員が習得するとか、同じような能力をすべての子どもに身につけさせなければならない領域もあります。しかし一方では、一人ひとりの子どもが、思い思いの考え方を生かす領域、すなわち異なるものを求めるという部分も必要でありこれら二つの領域を区別するという考え方があってもよいのではと考えました。これが求同求異論です。点数主義教育とか競争主義に対する世論の反発が強かった時代であったので、すべてを画一的目標にするから競争が成り立つのであり、目標を多様化すれば競争は軽減されると主張したこともありました。

平成期に入ると、教育心理学の学校教育への寄与を高めようとした動きの一つに、学校心理士という資格の創設があります。その初期の動きに私も関与しました。学校心理士は、今ではカウンセリングが中心となっていますが、当初は、教授学習心理学を基盤とした学習支援ができる専門家を想定していたのです。

また、大学院の修士課程で教育心理学を専攻して専修免許を取得した者に、その教員免許状に「学校心理学」を付記して専門性を明示するという取組が始まりました。「学校心理学」を付記した専修免許状の第一号は大阪府で出したのでした。なんとかして突破口を開かねばと思い、私が大阪府教育委員会に直接交渉して実現したのです。

このように私の教育実践との関わりはさまざまですが、いずれも学問知を直接伝えようとする試みではなく、実践の場のニーズに対応するための知恵を自ら編み出し、提供しようとしたものでした。その知恵を編み出した時の自分をいま振り返って反省してみると、心理学を土台に置きながらも教育の実際を第一に考えていたように思います。とはいえ、その当時の私は心理学の実験室研究と学校でのフィールド研究を切り離して続けていたのであって、両者を統合して教育心理学という学問を創造しようという高い志を持つまでには至っていなかったと思います。

この本では、認知心理学の「精緻化」という概念を授業での子どもの学びに適用するために拡張して捉え直しました。このように理論や概念を固定したものから、事実に基づいて拡張・修正してこそ学問が発展することを博士論文の研究の中でＳ教授から学んでいたのです。今後、このような試みが広がると、教育心理学が理論と実践を結びつけて統合された理論を持つ学問へと発展すると思います。

子どもの学びを変えるには

（山森）ところで近ごろの子どもの学びについて、なにか感じておられることはありますか。

（北尾）気がかりな点が二つあります。その一つは今年の全国学力・学習状況調査の結果です。その結果について専門家が、小学校の国語では「目的や意図に応じて自分の考えを明確にし、まとめて書いたりすることに課題がある」、中学校の数学では「『用いるもの』と『用い方』を明確にして問題解決の方法を説明することなどを充実させる必要がある」と指摘しています（教育新聞の記事より）。今の子どもたちにはまとめる力やプロセスの説明力に弱点があることが分かります。

もう一つは、いまから四年前のＰＩＳＡ調査での数学の生徒質問紙の結果では、日本の生徒の精緻化方略（「答えに至るようないろいろな方法を考える」など）の肯定反応率が低く、全参加国の平均以下であったことが明らかにされています(イ)。学び方を自ら工夫しながら学ぶという方法が身についていないことが分かります。

これら二つを結びつけると、知識を覚えることに片寄り、自分で工夫し、考えながら学ぶことが不得手な子が多いと言えるのではないでしょうか。

ただし、こういう子が最近になって増えたというわけではないと思います。教科書の内容を一つ残らず教え、テストでどれだけ多く覚えたかを確認することはずっと以前から今日に至るまでわが国の教育では最も重視してきました。そのような学びの導き方が功を奏した面もありますが、学びのプロセスを子どもが自ら丹念にたどるように導くことが不十分だったのではないかと考えます。

時代が平成となって以降、臨教審や中教審の答申が出るたびに、学びの導き方を改めようとしてきました。しかし、三十年が経過しても、子どもの学び自体が大幅に変わるまでには至っていないと思います。

「知識注入型の教育はダメ」「教師主導型から子ども中心型の授業へ」といった合言葉が聞かれるようになりましたが、子どもの側から見るとますます忙しくなってしまったのではないでしょうか。話し合いの時間や子どもが活動する場を設定する授業を参観していると、授業時間が増えたわけではないので「あと五分で止めてください」といった先生の指示によって、やりたいこと、続けたいことも中断せざるを得ないことも多いようです。

（山森） では子どもの学びを変えるには、どのような改革が有効なのでしょうか。

（北尾） 発想を転換して教師の実践の自由度を大胆に許容することです。

子ども自身が学びの目的や意図を抱き、自ら方法を工夫しながら解決していく自由度を大幅に拡大する改革です。時間的な自由と空間的な自由が必要です。

時間的な自由については終戦後初期の単元学習の構想が参考になります[ウ]。これは本書の第五章で述べた学びのまとまりとしても重視すべきですが、子どもたちの学びの自由化にも参考になります。単元ごとに計画を立てて評価するので、時間配分を大きなスパンで決めることができます。そのため先に述べたような短い時間で学びを中断することがなくなると思います。単元全体の流れの中で、自ら工夫して解決方法を練り上げる時間をより長い時間単位で設けることができるようにすべきです。

空間的な自由について、私は次のような構想を持っています。学校には多くの教室が並んでいますが、子どもたちが学びたいことを自由にやれる部屋がないのです。教室だけでなくいろいろな学びの部屋を設けると、子どもたちが自由に学べる空間的自由度を高めることができます。

学びの部屋としては、①本読みルーム、②話し合いルーム、③一人学びルーム、④資料づくりルームというような看板を掲げた開放的な部屋をずらりと並べてやるのです。そうすると、調べ学習や意見交換を思い思いに行うことができます。また一人になって、沈思黙考を長く続けることもできるでしょう。

（山森） これまでの授業改革の流れの中で、子どもの学びを変えようという大胆な改革はあったのでしょうか。

（北尾） 先ほど、数回程度の授業をまとめた単元ごとに授業を設計する必要があることを述べました。実はこれは一九四九年に倉澤栄吉によって「単元学習論」として提唱されたものです(ウ)。しかし、こういった試みは、全国の学校にあまねく波及するほどの影響力はありませんでした。

　また、明治の頃は一斉指導の型を定着させることに全力が注がれていましたが、大正に入ると、沢柳政太郎が創設した成城小学校での個性尊重の教育に力を入れた試みや、木下竹次による「学習法」という教育論の展開などの動きがありました(エ)。しかし、これらも全国的に広く影響を及ぼしたとは言えないと思います。

　子どもの学びを変えるような改革を、全国の学校に普及するように進めるためには、技術や理念だけを変えてもダメだと思います。誰にも分かってもらえる理論と具体策を明確に示し、子どもが自ら考えて学び続けるような授業を根気よく普及させる必要があります。

　この本のねらいはこの一点にあると言ってもよいのです。この本の中で述べたように、理論はやはり学問の中から借りてつくり上げるべきでしょう。また具体策づくりも難しいのですが、ここで私が提案した時間と空間の自由化のように子どもの側に立って考えると、案外手近なやり方が見つかるものです。

教職の専門性を高める

（山森）最近、教職人気が落ちてきたというニュースがありますが、その原因は何でしょうか。

（北尾）教師の労働が過重であることが盛んに言われるようになり、暗いイメージが持たれるようになって、若者が教職を避けているのではないかというのが一般的な見方だと思います。

しかし、それだけではないのではと考えます。私は教員養成大学に長く務め、学生と話し合ってきました。その中で、学生は教師という仕事の中で自分を生かすのが難しいのではないかという懸念を持っていて、それが教職に就くことに対するマイナスのイメージを生じさせているではないかと感じていました。

批難されないようにやっていれば職を失うことはないというだけでは、若者は満足できないでしょう。自分なりに挑戦し、工夫と努力を続けることの楽しみを味わいたいという若者気質とのミスマッチが教職の不人気を生んでいるのではないでしょうか。

また、民間企業の場合は専門分野に分かれて役割意識を持つとか、職階制の中で昇進する期待感を持つことができるのではないでしょうか。年輩の学校の先生と話し合っている時、「自分の子どもより若い先生と同じ仕事をしているんですよ。職員室ではいつも同じ机を横に並べて同じことをしています」という声を聞いたことがあります。子どもたちの成

長が楽しみではないかと言っても、自分の力や努力を実感するには、その人なりの挑戦が許され、役割意識を持ったり、プライドを抱くことも必要ではないかと思います。

（山森）では教師の役割意識やプライドを高めるにはどうすればよいのでしょうか。

（北尾）私案を述べる前に、私が出会った二人の研究主任の先生の話をしたいと思います。その一人はある小学校の三十歳代（当時）の若い研究主任ですが、私の大学の研究室に度々来られ、現場感覚から教育論を互いに交わした先生です。そこでの議論は対等の立場からの議論でした。その先生は私から教わろうという姿勢ではなく、自分の現場経験を頭の中で整理し、自分の理論を持つために私と話し合っておられたのです。研究発表会が近づくと足繁く来訪され、校内研究会の回数も増えるのですが、研究主任が私の考えを練り直した自分の理論を他の先生に上手く伝えてくださるので、先生方の足並みも揃い、見事に研究が実を結んだのです。

理論家（研究者）と実践家（教師）が分離していては改革は進みません。この研究主任の先生は理論を踏まえた実践的研究者になっておられたので上手く進んだのです。私はその実践的研究者を支援するという役割を果たしただけです。

もう一人の研究主任の話をしましょう。それは私が学校の指導・助言を行うようになる前の話であり、その学校の実習生担当として訪れた学校での話です。その小学校の研究主任の先生は近くの大学の教育哲学の教授を度々訪ねておられ、そこで得た知識を学校での実践の中で研ぎ上げてこられていたのです。そのためか実習生を交えた話し合いにおいても理路整然と説明され、他の先生方もそれに倣って論じ合う空気が出来上がっていたのです。

この出会いは随分古い話ですが、その先生は九十歳を過ぎたいまもお元気で、地域の小学校の研究会の指導を行われており、そのことに生きがいを持っておられるようです。

このような二つの体験から、校務分掌としての研究主任ではなく、研究や企画を主な仕事とする独立した研究部の一員として位置づけ、その中に部長、主任などの職階性を導入するという学校の組織改革を提案したいと思います。単なる試案にすぎませんから、実状に合うかどうかは各学校で検討されるべきものですが、教職の専門性を高める一つの対策になるのではないでしょうか。

ただ重視してほしい点は、研究部の教師には教育研究に専念できる配慮がなされることです。時間的余裕を持たせ、他の学校や大学へ出向し、研究や情報交換をしたり、教職大学院での研究や教育関連の学会活動もしやすくなるように配慮すべきでしょう。そして年に一本ぐらいは研究論文を発表できるようにしたい。研究部教員と他の教員は、このような実績しだいで分けられるべきであり、固定したものにしないことが重要です。

教員養成をどう改革するのか

（山森）いま、教員養成大学の在り方が問題になっているようですが、何かお考えを持っておられますか。

（北尾）文科省の教員養成部会に置かれた教員養成のフラッグシップ大学検討ワーキンググループのことでしょう。新聞を見る限りではまだ議論が続いているところで結論は出ていませんが、組織論に終始しそうですね。教育の本質に関わる「中味」が変わるかどうか、そこがポイントです。

（山森）その本質的な「中味」とはどういうことですか。

（北尾）日本とフィンランドを対比させると、よく分かるのではないでしょうか。これも新聞報道による情報に過ぎませんが、フィンランドの教師の卵は学習科学の研究の方法論を学部段階からたたき込まれ、修士課程ではそれを統合して研究し、研究論文を書くことを求められているようです。

私の経験を振り返ると、これまでは日本でも基本的には研究を重視して教師を養成してきたと思いますが、最近は就職してすぐに役に立つ実践力を重視するように改革する動きが強く現れています。フィンランドが科学知を重視しようとしていることと、日本が実践力に重心を移そうとしていることを対比してみて欲しいのです。

もちろんどちらも教師にとって必要な資質ですが、大学や大学院での教育の本質は学問的な理論による教育であるべきであって、そこをきちんと押さえた改革をして欲しいと思います。「フィンランドでは学習科学の方法論を身につけ、自分で研究デザインや統計的分析ができなければ、教師の資格は得られない」とその新聞には書かれていました。

（山森）では、フィンランドの動きを参考にすると、現状をどのように変えるべきでしょうか。

（北尾）これは私の経験から気づいていたことですが、大学に入学する前後のフレッシュな発想力がものの考え方の基本を左右すると考えます。そこで高校と大学の連携を密にし、高校の後半から学問を本格的に学べるようにすべきです。大学生と一緒に学び、互いに論を交わしながら考えを深める機会があればその柔軟な頭が生き生きと働き、学ぶことの本質を自分なりに捉えると思います。そうすればその学びを指導する教師という仕事は魅力的なものになり、志望者が増えることでしょう。

受け入れ側の教育養成大学も、そのような学生の志向に対応せざるを得なくなり、フィンランド流の教育に重点を置くことになります。まず教授の講義は学問的水準を下げることなく、精緻な理論と研究例をとり上げながら説明してほしい。また統計法などの技法も身につけるために実習をさせたり、自らデータを集めて研究し、討論する能力を伸ばし、論文執筆等の方法も学ばせてほしい。研究の基礎は学部段階で身につけ、卒業後は学校現場や教職大学院でその発展的研究や実践的研究に取り組むことができるようにしてほしいのです。

校内研修と現職教育をどう変えるか

（山森）それぞれの学校における校内研修をどう考えるべきか、お考えをお聞かせください。

（北尾）これまで話したような改革が進むと、校内研修も大幅に変わってくると思います。これまでは一定の型の授業をすべての教師が行うことができるように校内研修が行われましたが大きく変わっていくのではないでしょうか。

今回の指導要領の改訂では、何を教えるかではなく、子どもがどう学ぶかを重要視するという転換が求められています。教科内容だけではなく学び方を重視した授業の在り方を、校内研修においてすべての教師が身につけることが求められます。先に述べたように学校の中で研究部がその役割を果たすようになると、それぞれの学校で独自のプランをつくり、全員がそのような学び方を重視した授業の方法を共有しなければならないようになります。

このような見通しに立てば、次のような校内研修が行われるようになるのではないでしょうか。

一つ目は、教材や発問・応答などの教える技術だけでなく、子どもの学び方をどのように組み立てれば、期待されている資質・能力を伸ばせるかを追求する研修会へと変わるでしょう。

二つ目は、一回の授業だけでなく、単元全体の展開を検討する研究会になるでしょう。一回の授業だけをいくら入念に検討しても、子どもの学び方がどのように変容したかを捉えることができないからです。

三つ目は、研究部で練り上げられた構想を全員の教師に理解してもらう場になるでしょう。その理論や実践的な配慮などを議論し、一人一人の教師に納得してもらう必要があるからです。

（山森）それぞれの学校の校内研修が変わると、これまでの現職教育も変化すると思いますが、どうなるでしょうか。

（北尾）教職大学院が拡充されていきますと、色々な形で教師自身の好みや状況に応じた実践的研究に取り組めるようになります。一定期間職場を離れることができなくても、夜間や休日を利用したり、インターネットを介した情報交換を行うなど、さまざまな自己教育を計画し、長期的な見通しで研究を続ける人が増えるでしょう。

そして、現職教育は、これまでのような官制の研修だけに依存するのではなく、教師の自主的な研究へとしだいに変化すると思います。教師が自分の頭と手で何かを創るクリエイティブな研究会をどういう風にして行政側がサポートするか、また大学がどう理論的に支援するかということが一番大事な課題でしょう。こうして教職の魅力を高めていくことが必要だと思います。教職の魅力が高まらず、人材が集まらないようでは、子どもが学ぶことに魅力を抱くようになるとは思われません。

自主的な研究を中心とした現職教育が行われるようになると、それを支援する組織としての教職大学院が重要となりますが、その大学院には一流の研究者を教授として迎え入れる必要があります。研究者教授六割、実務者教授四割というのが今の状況ですが、そのどちらの教授も理論と実践に精通しているべきです。

先に述べた学校内の研究部で活躍した教師が校外でも活躍し、広い視野を持って教育の理論を学ぶことができると、教職大学院の実務者教授になる道も開かれるでしょう。教育関連の学会で発表し、研究誌に論文を発表することもどんどん推し進めてほしいと思います。そうなれば、今の研究者教授、実務者教授という言い方も変えるべきであり、学術研究中心か実践的研究中心かというどちらにウエイトがかかるかの違いであり、呼び方は教授に統一すべきでしょう。

若い研究者や教師に期待すること

（山森）最後に、先生から若い人たちに期待されることを話していただけませんか。

（北尾）まず、教育心理学の研究者に期待することを話します。山森さんが二〇〇三年に「教育心理学研究」の実践研究のセクションに載せられた、関心・意欲・態度の評価の信頼性の検討についての論文[オ]を私は高く評価しております。そこでは実際に評価を実施し、そのデータを使って信頼性を上げるための方法をシミュレーションし、その結果を使って再度評価を行い、信頼性の高い評価を行うために必要な評価の回数の目安を示しています。この論文が発表された当時は、関心・意欲・態度の評価について学校は混迷していたので、文字どおり実践に貢献する研究になったと言えます。また最新の統計技法によって精緻なデータ解析がなされ、学術的にも高く評価されます。

このような二つの条件を満たす研究がどんどん増えて欲しいのですが、現状はそうではなさそうです。教育心理学者が、教育現場で何が問題になっているかをしっかり捉えてテーマや研究計画を立てることが難しいでしょうか。教育という社会的営みに貢献するには個人的興味だけでなく、現実的な必要性や価値も視野に入れて研究に取り組む若い研究者が出てきてほしいのです。

しかし、教育の実際的要請がよく分かったとしても、学校で子どもを対象にした実験や調査を行うのが難しいという壁にぶつかるでしょう。そこで実験や調査に協力いただけるように、学校の先生方と人間的な信頼関係を構築することが必要ですし、共同研究を行うことも勧めたいのです。

また、私はこれまで、さまざまな学力検査の開発に取り組んできました。教育測定が専門ではありませんでしたが、子どもの学びの成果を捉えるには学習や認知に関する心理学を生かす必要があると思って携わってきました。例えば、多肢選択式の学力検査で正答を選ばせ、その選択の理由も記述させると、理解の深さや考え方を評価することができます。そのような検査の問題づくりや採点基準の設定には学習や認知の心理学が役立つのです。

心理学でテストの研究者と言えば、そのほとんどが統計法や心理測定法の研究者です。テストの問題そのものは教科教育の分野であると見なされてきたのですが、この本で論じたような学びのプロセス自体が問われると、心理学の力を借りて問題自体を検討する必要があります。データの処理だけでなく、問題づくりの専門家も教育心理学者として育てるべきではないでしょうか。

それを引き受けるのは認知心理学や学習心理学の研究者です。若い人が片手間でもよいからテスト研究を始めてほしいと思います。

実は、この本を書き始めて、あることを後悔したのです。第一章に書いたように、私はロウアーの研究を精緻化研究の最初のものと位置づけました。しかし、実はそれとほぼ同じ研究をそれより八年前に私自身が発表していたのです。「児童の言語記憶におよぼす文章化経験の効果について」という、教育心理学研究に掲載された論文[カ]です。この論文は、城戸奨励賞受賞論文の第一号です。

この研究は、内容こそロウアーの研究とほぼ同じではありますが、精緻化という用語を使っていませんから、精緻化研究の最初のものと公に言うことはできません。もしこの研究を国際誌に投稿していれば、児童学習の研究の本場であった米国で必ず話題になっていたはずです。当時、沖縄から米国へ留学していた心理学者が帰国してから私の論文を知り、驚いてそのことを話してくれました。

これからは、自然科学では常識となっているように、世界共通の言語で成果を発表し、交流すべき時代です。若い教育心理学者はできるだけ国際誌に投稿してほしいと思います。

また、外国で産み出された理論を単に追試しただけという研究が多いように思います。若い頃の発想は柔軟であり、ユニークであるのが特徴ですから、自ら理論を提案する勇気を持ってほしいのです。

（山森）では、若い教師に期待されることは何でしょうか。

（北尾）職を退いてから、一人一人の教え子の成長ぶりを見聞きして、教師という仕事をしてきたことに誇りを持つようになりました。ほとんど大学での教え子ですが、いろいろの方面で実績を積んでおり、その話を聞くことが私の長寿の薬になっているのではと思います。

若い教師の方々も、今はどんなに苦しくても後で人生全体を展望すればその苦しみが逆に楽しみになるでしょう。手のかかる子どもほど、後で想い出すことが多いとよく耳にしました。教育の「育」とはそのように長い目で捉えるべきものであり、教師の生きがいも長期的視野で考えてほしいと思います。また授業を研究し、その実績を残しておくことも、長い目で捉えると、自分の大きな財産になります。挫折や苦しみから教職を放棄することなく、ねばり強く続けてください。

補章の引用文献

（ア）大阪学芸大学心理学教室「学業不振児の教育心理学的研究」『教育心理学年報』六、一九六六年

（イ）秋田喜代美「教育課程が求めるこれからの教師力」『教育展望』二〇一八年

（ウ）倉澤栄吉『国語単元学習と評価法』世界社、一九四七年
天野正輝『教育評価史研究』東信堂、一九九三年

（エ）稲垣忠彦・佐藤学『授業研究入門』岩波書店、一九九八年
（オ）山森光陽「中学校英語科の観点別学習状況の評価における関心・意欲・態度の評価の検討―多変量一般化可能性理論を用いて―」『教育心理学研究』五十一巻、二〇〇三年
（カ）北尾倫彦「児童の言語記憶におよぼす文章化経験の効果について」『教育心理学研究』十三巻、一九六七年

対談者紹介

山森光陽（やまもりこうよう）国立教育政策研究所初等中等教育研究部総括研究官
昭和五十年生まれ。慶應義塾大学文学部卒業、早稲田大学大学院教育学研究科博士課程中退後、現職。博士（教育学）。専門は教育心理学。著書に『学力：いま、そしてこれから』（共編著、ミネルヴァ書房）、『教育の効果』（監訳、図書文化社）など。

附表——深い学びの観点、方略、具体策

学びの観点	学びの方略・意欲・意識	学びを深くする方略の類型、情意の特徴	本書での論述の展開 主な具体例	頁
知識	精緻化	①言葉の意味づけを豊かにする	・偶発記憶の実験 ・幼児の話し言葉の実験 ・記憶の分散効果の実験	14 26 50
		②知識を関連づける	・ロウワーの実験 ・国語の読解指導 ・算数の面積の指導 ・理科の花の観察学習 ・認知カウンセリングの例 ・知識のネットワークモデル ・精緻化支援の治療指導	13 16 17 21 22 23 113
		③知識の概念化・抽象化を進める	・知識のネットワークモデル ・ブルーナーの実証的研究	23 60
		④表象の二重構造化を図る	・文章記憶の実験 ・詩の創作の総合学習 ・紙玉てっぽうの理科の学び ・数え棒による計算の学び ・ブルーナーの実証的研究	30 31 34 34 60
思考		⑤想像・推論を重ねる	・国語の読解指導 ・算数の円の面積の指導	16 17
		⑥比較・類推・統合という対話的思考を進める	・算数の授業での調節的発話 ・相互教授法の読解指導 ・異文化との接触による考え方の変化 ・対話による「論理科」の授業の進め方	72 73 75 74

		⑦対立・矛盾を克服する論理的思考を進める	・意見文、小論文などの論理的な書き方	79
	メタ認知	⑧学び方の知識を持ち、自らモニターし、コントロールする	・算数文章題の実験	36
			・国語説明文の授業	39
			・数学の学習相談	41
			・評価のフィードバックによるメタ認知	43
			・学びのまじめ・忍耐強さのメタ認知	45
			・注意とメタ認知に関する実験	110
意欲意識態度	主体性を支える意欲	⑨課題に深く関与しようとして学ぼうとする	・内発的動機づけ（興味、感情、効力感、知的好奇心、探究心）	89
			・他律内発的動機づけ（教材・教科書・教師の影響）	89
		⑩自分を生かすために学ぼうとする	・同一化動機づけ（価値づけ、有能感、向社会的欲求）	90
			・取り入れ的動機づけ（自己成長欲求）	91
			・動機づけの発達的変化	93
	主体性を支える意識	⑪学ぶ意欲を調整する	・動機づけ調整方略の調査研究	94
		⑫学びの熟達目標意識を持つ	・熟達目標と調整方略の関連性	96
		⑬実際的な学びの対処意識を持つ	・エンゲージメントの調査研究	98
	主体的に学ぶ態度	⑭主体的な学び内面構造から主体的態度を捉える	・主体的な学びの内面を模式化した構造図	100
			・主体的に学ぶ態度の捉え方	101
学習困難	学習困難の支援策	⑮作業記憶を支援する	・累積的リハーサルの実験	108
		⑯注意とメタ認知を支援する	・注意とメタ認知に関する実験	110
		⑰精緻化を支援する	・精緻化支援の治療指導	113
		⑱心理面の診断を活かして支援する	・心理面診断の事例	117

引用文献一覧

（1）Rohwer, W. D., Jr. Elaboration and learning in childhood and adolescence. In H. W. Reese (Ed.), *Advance in child development and behavior*, 8, 1-57, New York: Academic Press, 1973.
（2）北尾 倫彦・金子 由美子「子どもの偶発記憶と処理様式に関する発達的研究」『教育心理学研究』29巻　一九八一年
（3）北尾 倫彦・馬場園 陽一「漢字の偶発記憶における意味的符号化の効果について」『大阪教育大学紀要』29巻　一九八〇年
（4）林 龍平「自己準拠処理による精緻化が語の記憶に及ぼす効果について」『茨城大学 教育学部紀要 教育科学』36巻　一九八七年
（5）豊田 弘司「偶発記憶に及ぼす自伝的精緻化の効果」『教育心理学研究』37巻　一九八九年
豊田 弘司『記憶を促す精緻化に関する研究』風間書房　一九九五年
（6）宇野 幸子「子どもが主体的に学ぶ算数学習の指導」北尾 倫彦（編著）『自己教育力育成の実践事例集』図書文化社　一九九〇年
（7）辰野 千尋『学習方略の心理学』図書文化社　一九九七年
（8）多鹿 秀継・川上 昭伍「理科教授における先行オーガナイザの効果 第2報」『日本理科教育学会研究紀要』29巻　一九八八年
多鹿 秀継他『読んでわかる教育心理学』サイエンス社　二〇一八年
（9）市川 伸一（編著）『認知カウンセリングから見た学習方法の相談と指導』ブレーン出版　一九九八年

(10) 北尾 倫彦『学習指導の心理学』有斐閣 一九九一年
(11) 北尾 倫彦・杉村 健（共編著）『児童学習心理学』有斐閣 一九七八年
(12) 北尾 倫彦・秦 淑子「幼児の概念的分類行動におよぼす教示効果」『教育心理学研究』19巻 一九七一年
秦 淑子「幼児の認識活動」北尾 倫彦他『幼児の精神発達と学習』創元社 一九七四年
(13) 北尾 倫彦「文の聴き取りにおける意味的関連性と絵画化の効果」『読書科学』41巻 一九九七年
(14) 大林 照明「教科の壁を超えた参加型学習―感動体験から出発した音楽的表現の創造―」北尾 倫彦（編著）『自ら学び自ら考える力を育てる授業の実際』図書文化社 一九九九年
(15) 広瀬 雄彦『日本語表記の心理学』北大路書房 二〇〇七年
(16) 東洋（著）、柏木 恵子（編）『教育の心理学』有斐閣 一九八九年
(17) 岡本 真彦「算数文章題の解決におけるメタ認知の検討」『教育心理学研究』40巻 一九九二年
岡本 真彦「メタ認知と学習のしかたの指導」北尾 倫彦 他『学校教育の心理学』北大路書房 一九九九年
(18) 柴田 雅恵・佐藤 浩一・武井 英明「自己の学びを自覚し活用する力を育む小学校国語科の説明文読解指導」『群馬大学教育実践研究』34号 二〇一七年
(19) 坂本 正彦「数学に対する学習観の変容をもたらした認知カウンセリング」市川 伸一（編著）『認知カウンセリングから見た学習方法の相談と指導』ブレーン出版 一九九八年
(20) 山森 光陽「形成的評価：フィードバックの効果と効果的なフィードバックの実施に必要な高度の専門性」『指導と評価』62巻 二〇一六年

(21)梶田 正己『日本人と雑草—勤勉性を育む心理と文化—』新曜社 二〇一五年
(22)北尾 倫彦 (21)の書評『児童心理』70巻 二〇一六年
(23)北尾 倫彦「学業不振児の指導法」『学習指導の現代的課題』学校教育研究所 二〇〇三年
(24)北尾 倫彦「記憶の分散効果に関する研究の展望」『心理学評論』45巻 二〇〇二年
(25)北尾 倫彦「文章理解におよぼす時間的要因の影響」『読書科学』36巻 一九九二年
(26)北尾 倫彦「文の自由再生における分散効果の研究」『心理学研究』63巻 一九九二年
(27)北尾 倫彦・北村 瑞穂「中心・偶発学習課題における分散効果と選択的注意」『基礎心理学研究』19巻 二〇〇一年
(28)篠ヶ谷 圭太「予習復習の指導」『指導と評価』64巻 二〇一八年
(29)緒川小学校『個性化教育へのアプローチ』明治図書 一九八三年
(30)J・S・ブルーナー著 鈴木 祥蔵・佐藤 三郎 共訳『教育の過程』岩波書店 一九六三年
(31)広岡 亮蔵『ブルーナー研究』明治図書 一九八〇年
(32)天笠 茂「新学習指導要領総則の意義とねらい」『教育展望』5月号 二〇一七年
(33)北尾 倫彦『授業改革と学力評価』図書文化社 二〇〇八年
(34)北尾 倫彦『「本物の学力」を伸ばす授業の創造』図書文化社 二〇一一年
(35)住田 裕子・森 敏昭「算数の協同的問題解決場面において児童の深い概念理解を促す効果的な相互作用プロセスの検討」『教育心理学研究』67巻 二〇一九年
(36)J・T・ブルーアー著 松田 文子・森 敏昭 共監訳『授業が変わる』北大路書房 一九九七年
(37)内田 伸子・河野 順子・鹿毛 雅治・熊本大学教育学部附属小学校『「対話」で広がる子どもの学び—授業で論理力を育てる試み—』明治図書 二〇一二年

(38) 内田 伸子「考える力を育むことばの指導―「論理科」の開発と実践効果の検証―『教育心理学年報』55集 二〇一六年
(39) 鶴田 清司「学習の基盤となる論理的思考力・表現力を育てる」『指導と評価』64巻 二〇一八年
(40) 近藤 淑子「自己教育力を育てる文化・家庭」北尾 倫彦（編著）『自己教育の心理学』有斐閣 一九九四年
(41) 高橋 登・山本 登志哉（共編著）『子どもとお金』東京大学出版会 二〇一六年
(42) 外山 滋比古『思考の整理学』筑摩書房 一九八六年
(43) 瀬古 淳祐「ロジカル・ライティングで意見文を書く」『指導と評価』64巻 二〇一八年
(44) 中田 麗子「思考力を育み評価する高校の試験」『教育新聞』３６９８号 二〇一九年
(45) 清水 幾太郎『論文の書き方』岩波書店 一九五九年
(46) 中島 実「思考―考えることのしくみ」北尾 倫彦他著『グラフィック心理学』サイエンス社 一九九七年
(47) 大濱 望美・佐藤 浩一「推敲の形態が手続き的説明文の産出に及ぼす影響」『群馬大学教育実践研究』33号 二〇一六年
(48) 北尾 倫彦「方略論と認知的動機づけ論からみた学習困難の諸相」『教育学・心理学論叢』（京都女子大学大学院文学研究科研究紀要） 二〇〇六年
(49) 速水 敏彦『内発的動機づけと自律的動機づけ』金子書房 二〇一九年
(50) 櫻井 茂男『自ら学ぶ子ども』図書文化社 二〇一九年
(51) 遠藤 志乃「やる気を調整する」『指導と評価』64巻 二〇一八年

(52) 梅本 貴豊・伊藤 崇達・田中 健史朗「調整方略、感情的および行動的エンゲージメント、学業成果の関連」『心理学研究』87巻 二〇一六年

(53) 文部科学省『特別支援教育の在り方に関する調査研究協力者会議最終報告書』二〇〇三年

(54) ＯＥＣＤ『生徒の学習到達度調査（ＰＩＳＡ）』二〇〇六年

(55) 北尾 倫彦・岡本 真彦・西出 幸代・岩下 美穂他「学習困難児の類型化に関する予備的研究」『大阪教育大学紀要』41巻 一九九二年

(56) Ｃ・ヒューム・Ｓ・マッケンジー著 八田 武志・林 多美・川上 綾子・広瀬 雄彦共訳『作業記憶と学習困難』信山社出版 一九九九年

(57) 齊藤 智「認知心理学における中央実行系概念の変遷」『認知リハビリテーション』二〇〇二年

(58) Meichenbaum, D. H., & Goodman, J. Training impulsive children to talk to themselves: A means of developing self-control. *Journal of Abnormal Psychology*, 77, 115-126. 1971.

(59) Short, E. J., & Ryan, E. B. Metacognitive differences between skilled and less skilled readers: Remediating deficits through story grammar and attribution training. *Journal of Educational Psychology*, 76, 225-235. 1984.

(60) 島田 恭仁「学習障害児の読み指導における認知的方略訓練の効果」『平成14・15年度科学研究費補助金研究成果報告書』二〇〇四年

島田 恭仁『認知機能に軽度な障害をもつ児童の記憶の制御困難』風間書房 二〇〇五年

(61) 森山 幸恵・北尾 倫彦「ＳＥＴによる意欲と効力感の診断」『指導と評価』52巻 二〇〇六年

(62) 林 龍平「エビデンスに基づく学習支援を考えるための４つの視点」『日本学校心理士会年報』8巻 二〇一五年

あとがき

本書の題目には『「深い学び」の科学』という言葉を使っている。はたしてその名に恥じない内容を盛り込むことができたであろうか。科学の一つの特徴は実証的なデータに基づく論述である。本書ではできるだけ多くの実証的資料を用いたので、この点に関してはある程度認めていただけるのではないかと思う。

しかしもう一つの科学の特徴である精緻な理論構成については、筆者自身も書きながら不安を抱いていた。自然科学や数学では批判の余地のないほど精緻な理論構成が行われるが、人間や社会を対象とする人文科学や社会科学では、因果関係一つを取り上げてもデータだけで仮説検証的に証明するのではなく、状況や背後関係などを総合的に捉えて論じられることが多い。心理学でも実験心理学では前者に近いが、教育心理学では後者の特徴も取り入れざるを得ない。

本書の中での理論構成では、実験データだけでなく教育実践の場の状況も勘案しながら総合的に論述することが多かった。そのためにまだ科学とはいえないという批判も出るであろう。物ではなく人間を対象にしているためであり、研究の現状から考えてもお許しいただきたいと思う。

本書の執筆では多くの論文や著書・訳書から貴重な資料を活用させていただいた。いずれも熟考を重ねた末に選んだ資料であり、気持ちが乗り移って自分の資料と錯覚することもあり、自由自在に活かすことができた。ここに改めて深甚の謝意を表したいと思う。

また巻末に収録した対談では多忙であるにもかかわらず協力してくださった山森光陽氏に厚くお礼申し上げたい。今日的な重要な話題を取り上げていただき有意義な対話になった。そして編集者による援助もあって議論が盛り上がり、教育を改善しようという熱意だけは十分に伝わったのではないかと思う。

〔著者紹介〕

北尾 倫彦（きたお のりひこ）
東京教育大学（現 筑波大学）心理学科卒業、文学博士（京都大学）、大阪教育大学教授、京都女子大学教授を経て、現在 大阪教育大学名誉教授、日本教育心理学会名誉会員

〔主な著書〕

『自己教育力を育てる先生』『授業改革と学力評価』『「本物の学力」を伸ばす授業の創造』『自己教育力育成の実践事例集（編著）』『自ら学び自ら考える力を育てる授業の実際（編著）』『学びを引き出す学習評価（編著）』『観点別学習状況の評価規準と判定基準（監）』以上 図書文化社、『記憶の媒介機構』東京大学出版会、『学習評価の改善（編著）』国立教育会館、『学習指導の心理学』『わかる授業の心理学（共）』『自己教育の心理学（編著）』『児童学習心理学（共編著）』以上 有斐閣、『学習不適応の心理と指導（編著）』開隆堂、『精選コンパクト教育心理学（共）』『学校教育の心理学（共）』以上 北大路書房、『グラフィック心理学（共）』『教授のための学習心理学（訳）』以上 サイエンス社、『学習心理学（共）』日本文化科学社、『学業不振児童指導の実際』『ハイクオリティ教育のすすめ』以上 田研出版、『学び方・学ばせ方の心理』『幼児の精神発達と学習（共）』以上 創元社、『意欲と理解力を育てる』金子書房など

〈クレイス叢書〉01
「深い学び」の科学
—精緻化、メタ認知、主体的な学び—

2020年 2 月10日　初版第 1 刷発行［検印省略］
2023年 4 月10日　初版第 6 刷発行

著　　者　北尾倫彦©
発 行 人　則岡秀卓
発 行 所　株式会社 図書文化社
〒 112-0012　東京都文京区大塚 1-4-15
TEL 03-3943-2511　FAX 03-3943-2519
http://www.toshobunka.co.jp/
装　　丁　中濱健治
印刷・製本　株式会社 Sun Fuerza

ISBN 978-4-8100-9745-0　C3337